KI-Tools als Affiliate oder Wiederverkäufer verkaufen

Verdienen Sie wiederkehrende Provisionen, indem Sie KI-Software an Kunden weltweit bewerben

Von Joe Correa

Veröffentlicht von **Live Stronger Faster**

Dieses Buch dient ausschließlich zu Bildungs- und Informationszwecken. Der Autor und der Verlag erbringen keine rechtliche, finanzielle oder sonstige professionelle Beratung. Leser sollten einen qualifizierten Fachmann konsultieren, bevor sie finanzielle Entscheidungen treffen.

Erste Auflage

Inhaltsverzeichnis

Einführung

Willkommen zu einer neuen Art digitaler Chance. In der Welt des Online-Geschäfts wächst eine Möglichkeit derzeit explosionsartig: der Verkauf von KI-Tools als Affiliate oder Wiederverkäufer. Warum? Weil künstliche Intelligenz nicht länger futuristisch ist – sie ist bereits hier, sie ist zum Mainstream geworden und sie ist profitabel. Unternehmen auf der ganzen Welt investieren Milliarden in KI, und jede Einzelperson, jedes Startup und jedes Unternehmen benötigt KI-Lösungen für Automatisierung, Content-Erstellung, Kundenservice, Marketing und vieles mehr.

Doch anstatt eigene Tools zu entwickeln – was Zeit, Kapital und technisches Fachwissen erfordert – gibt es einen klügeren Weg: mit KI-Unternehmen als Wiederverkäufer oder Affiliate zusammenzuarbeiten und wiederkehrende Provisionen zu verdienen, oft sogar lebenslang, für jeden Kunden, den Sie vermitteln.

Affiliate-Marketing ist nichts Neues, doch Affiliate-Marketing im Bereich KI ist eine neue Dimension. Die Nachfrage nach KI-Tools ist enorm, und Menschen suchen aktiv nach Lösungen, die ihnen Zeit sparen und ihre Arbeit effizienter machen. Viele dieser Tools arbeiten mit monatlichen oder jährlichen Abonnementmodellen, was bedeutet, dass Sie wiederkehrende Provisionen erhalten können. Gleichzeitig ist der Wettbewerb im Vergleich zu gesättigten Branchen wie Fitness oder Finanzen noch relativ gering. Der Einstieg ist meist kostenlos oder sehr kostengünstig: kein Lagerbestand, kein Kundenservice, kein Programmieren. Und dank sozialer Medien, YouTube, Content-Marketing und automatisierten E-Mail-Systemen können Sie einmal Inhalte erstellen und immer wieder bezahlt werden.

Dieses Buch richtet sich an Menschen, die von überall aus passives Einkommen aufbauen möchten. Es ist für Unternehmer, Content-Creator und Coaches gedacht, die ihre Zielgruppe monetarisieren möchten. Es richtet sich auch an Freelancer, die Affiliate-Einnahmen zu ihren Dienstleistungen hinzufügen wollen, sowie an Einsteiger ohne Programmierkenntnisse oder Marketingerfahrung. Egal, ob Sie in den USA, Indien, Afrika oder Lateinamerika leben – wenn Sie eine Internetverbindung haben und bereit sind zu lernen, können Sie dieses Modell nutzen.

In diesem Buch lernen Sie Schritt für Schritt, wie Sie ein erfolgreiches Affiliate-Geschäft rund um KI-Tools aufbauen. Sie werden verstehen, wie der Markt für KI-Software funktioniert, wie Affiliate-Programme arbeiten und wo Sie die besten Programme finden. Sie entdecken die wichtigsten KI-Tools, die Sie schon heute bewerben können, und lernen, wie Sie einen Affiliate-Funnel erstellen, der Besucher in Käufer verwandelt. Außerdem erfahren Sie, wie Sie Inhalte erstellen, die Interessenten anziehen, wie Sie YouTube, Instagram und Suchmaschinenoptimierung strategisch einsetzen und wie Sie Ihre Einnahmen durch E-Mail-Marketing automatisieren. Darüber hinaus zeigt Ihnen dieses Buch, wie Sie KI-Tools als White-Label-Partner weiterverkaufen können, wie Sie Ihr Geschäft mit bezahlter Werbung und Partnerschaften auf sechsstellige Umsätze skalieren und wie Sie langfristige Einkommensstrategien und Exit-Planungen entwickeln.

Jedes Kapitel enthält reale Beispiele, Fallstudien und sofort umsetzbare Strategien, damit Sie direkt beginnen können.

Es ist wichtig, von Anfang an den richtigen Ton zu setzen: Dieses Buch handelt nicht von Glück oder schnellen Tricks. Es geht darum, ein echtes digitales Vermögensgut aufzubauen – ein System, das mit der richtigen Strategie und konsequenter Umsetzung jeden Monat tausende Dollar an passivem Einkommen generieren kann. Wenn Sie es leid sind, Ihre Zeit ständig gegen Geld einzutauschen, wenn Sie weniger arbeiten und mehr verdienen möchten und wenn Sie bereit sind, eine der stärksten Entwicklungen unserer Zeit zu nutzen – die Kombination aus künstlicher Intelligenz und wiederkehrenden Einnahmen – dann sind Sie hier genau richtig.

Nun beginnen wir Ihre Reise zum Aufbau globaler digitaler Einkommensquellen mit Kapitel 1: Den Markt für KI-Software verstehen.

Der Regen klopfte sanft gegen das Blechdach eines kleinen Apartments in Manila. Luis saß an einem abgenutzten Holztisch, vor sich nur ein gebrauchter Laptop, ein iPhone mit gesprungenem Display und einen großen Traum: online Geld zu verdienen.

Ein Jahr zuvor hatte er alles ausprobiert – Dropshipping, Krypto-Trading, Print-on-Demand. Nichts funktionierte dauerhaft. Dann stieß er eines späten Abends auf YouTube auf ein Video mit dem Titel: „Bewirb KI-Tools und verdiene monatliche Provisionen." Etwas daran machte Klick.

Er hatte kein Geld zum Investieren. Aber er hatte Zeit, Entschlossenheit und Internetzugang. Das war genug.

Luis begann, Affiliate-Programme zu recherchieren. Er meldete sich bei Plattformen wie Jasper, Writesonic, Pictory und verschiedenen ChatGPT-basierten Tools an. Anschließend erstellte er einen kostenlosen Blog mit Produktbewertungen und Schritt-für-Schritt-Anleitungen. Auf TikTok veröffentlichte er kurze Videos, in denen er zeigte, wie Menschen mithilfe von KI Zeit sparen können. Seine Inhalte waren nicht perfekt. Sein Englisch war nicht fehlerfrei. Aber seine Authentizität fiel auf.

Seine erste Provision betrug 13 Dollar. Dann 27 Dollar. Kurz darauf folgte ein größerer Erfolg: 439 Dollar in nur einem Monat – und alles wiederkehrende Einnahmen.

In weniger als neun Monaten verdiente Luis von zu Hause aus mehr als das durchschnittliche Monatsgehalt in seinem Land. Er war kein Experte. Er hatte keine besonderen Kontakte. Er bewarb einfach Tools, nach denen Menschen bereits suchten, und nutzte kostenlose Traffic-Methoden sowie konsequente Arbeit.

Heute betreibt er eine Content-Agentur, die vollständig mit KI-Tools arbeitet – viele davon empfiehlt er selbst weiter und verdient Provisionen daran. Schritt für Schritt baut er sein digitales Imperium auf.

Dieses Buch ist voller Geschichten wie seiner. Sie werden lernen, was funktioniert, was Sie vermeiden sollten und wie Sie ein Geschäft aufbauen, das für Sie arbeitet – egal, wo Sie leben, was Sie bereits wissen oder was Sie bisher versucht haben.

Beginnen wir mit Kapitel 1.

Kapitel 1: Den Markt für KI-Software verstehen

Um als Affiliate oder Wiederverkäufer von KI-Tools wirklich erfolgreich zu sein, müssen Sie sich nicht nur als jemand sehen, der Produkte bewirbt, sondern als eine Art Übersetzer – jemand, der leistungsstarke Technologie in praktische Lösungen für den Alltag übersetzt. Die meisten Ihrer zukünftigen Kunden interessieren sich nicht für Begriffe wie „generative Modelle“ oder „natürliche Sprachverarbeitung“. Was sie wirklich interessiert, ist, ob ein Tool einen Blogbeitrag in zwei Minuten schreiben kann, ein Video mit wenigen Klicks bearbeitet oder automatisch neue Leads generiert. Genau hier liegt Ihre Aufgabe: zu verstehen, was diese Tools leisten, und ihren Nutzen in einfacher, verständlicher Sprache zu erklären.

KI-Software löst bereits heute reale Probleme in nahezu jeder Branche. Im E-Commerce helfen Tools wie Descript und Pictory Unternehmern dabei, Produktvideos zu erstellen, ohne Kamera oder Studio. In der Immobilienbranche beantworten KI-Chatbots rund um die Uhr Anfragen von Interessenten. Im Bildungsbereich erstellen Tools wie MagicSchool AI automatisch Unterrichtspläne, Bewertungsraster und Prüfungen. Coaches nutzen KI, um Verkaufsvideos zu skripten, Lead-Magneten zu erstellen und E-Mails zu beantworten. Kleine Unternehmen setzen KI für Kundensupport, Terminplanung, Recruiting und sogar Buchhaltung ein. In all diesen Bereichen können Sie als Affiliate auftreten und sagen: „So funktioniert dieses Tool. Deshalb ist es wichtig. Und so können Sie damit starten."

Den Markt zu verstehen bedeutet auch zu erkennen, was bereits funktioniert. Die erfolgreichsten KI-Tools folgen häufig ähnlichen Mustern. Sie lösen ein konkretes, zeitaufwendiges Problem wie Schreiben, Bearbeiten, Skripterstellung oder Zusammenfassen von Inhalten. Sie haben eine einfache und intuitive Benutzeroberfläche. Sie bieten eine kostenlose Testversion oder einen günstigen Einstiegspreis. Sie werden an nicht-technische Nutzer vermarktet, oft an Einzelunternehmer, Content-Creator oder Freelancer. Und sie arbeiten mit wiederkehrenden Abonnementmodellen, sodass Sie als Affiliate monatliche Provisionen verdienen können und nicht nur einmalig bezahlt werden.

Einige Beispiele verdeutlichen das Modell. Jasper AI (früher Jarvis) ist ein KI-Schreibassistent, der Marketingexperten und Content-Erstellern hilft, Blogartikel, E-Mails, Werbetexte und Social-Media-Beiträge schnell zu schreiben. Das Affiliate-Programm zahlt monatlich 30 % wiederkehrende Provision. Pictory ist ein Text-zu-Video-Tool, das Blogartikel oder Skripte automatisch in Videos umwandelt. Affiliates verdienen wiederkehrende Einnahmen für jeden Nutzer, der sich anmeldet. ElevenLabs wiederum ist ein Sprachgenerierungs-Tool, mit dem Content-Creator und Hörbuchproduzenten realistisch klingende Voiceovers erstellen können – und auch dieses Unternehmen bietet ein Affiliate-Programm.

Die Schönheit dieses Geschäftsmodells liegt in seiner Einfachheit und Skalierbarkeit. Sie müssen keinen Lagerbestand führen, keinen Kundensupport leisten und keine Software entwickeln. Das übernimmt alles das KI-Unternehmen. Ihre Aufgabe besteht darin, neue Nutzer zu gewinnen. Schon eine relativ kleine Gruppe begeisterter Nutzer kann Ihnen monatlich hunderte oder sogar tausende Dollar einbringen. Stellen Sie sich vor, Sie empfehlen nur 100 Personen ein Tool für 29 Dollar pro Monat, das 30 % wiederkehrende Provision zahlt. Das wären 870 Dollar monatlich – jeden Monat – ohne zusätzliche Arbeit, sobald sich die Nutzer angemeldet haben.

Das eigentliche Geheimnis liegt jedoch darin, sich zu fokussieren. Viele Affiliate-Marketer scheitern nicht, weil sie sich zu wenig anstrengen, sondern weil sie versuchen, alles an jeden zu verkaufen. Erfolg entsteht durch Spezialisierung. Wählen Sie eine Nische, die Sie verstehen oder die Sie interessiert. Wenn Sie beispielsweise Fitnesstrainer sind, konzentrieren Sie sich auf KI-Tools für Trainingsplanung, Content-Erstellung oder Kundenbetreuung. Wenn Sie Designer sind, können Sie sich auf Tools für Bildgenerierung, Logo-Design oder Branding spezialisieren. Ihre Authentizität und Glaubwürdigkeit werden automatisch stärker, wenn Sie zu einer Zielgruppe sprechen, mit der Sie sich identifizieren können.

Ebenso wichtig ist es, Trends zu analysieren. Plattformen wie FutureTools.io, There's An AI For That und G2.com listen regelmäßig neue und beliebte KI-Tools sowie Nutzerbewertungen auf. Mit Google Trends und Keyword-Recherche-Tools können Sie herausfinden, wonach Menschen tatsächlich suchen. Achten Sie besonders auf Tools mit einer starken Online-Präsenz, aktiven Communitys und positiven Bewertungen, denn solche Tools werden eher ausprobiert und langfristig genutzt.

Ein weiterer entscheidender Faktor ist das Verständnis der Käuferpsychologie. Die meisten Menschen kaufen erst, wenn sie den Nutzen klar erkennen. Deshalb funktioniert edukativer Content – etwa Tutorials, Schritt-für-Schritt-Anleitungen oder Vergleichsvideos – meist besser als klassische Werbung. Wenn Sie jemandem zeigen, wie ein Tool sein Problem lösen kann, und unter Ihrem Inhalt einen Affiliate-Link platzieren, entstehen Verkäufe ganz natürlich. Sie verkaufen nicht – Sie helfen.

Um den KI-Softwaremarkt zu meistern, müssen Sie außerdem Veränderungen beobachten. Die KI-Branche entwickelt sich extrem schnell. Neue Tools erscheinen, Preise ändern sich, Unternehmen fusionieren und Funktionen werden ständig erweitert. Wer Trends früh erkennt, kann von neuen Tools profitieren, bevor der Markt gesättigt ist. Es kann hilfreich sein, Affiliate-Communities auf Reddit, Discord oder Facebook beizutreten. Viele KI-Unternehmen betreiben auch eigene Affiliate-Newsletter, in denen sie über neue Funktionen, Aktionen oder Wettbewerbe informieren.

Nicht zuletzt ist der KI-Markt global. Content-Creator in Brasilien nutzen Pictory, um YouTube-Videos zu erstellen. Freelancer in Nigeria verwenden ChatGPT, um ihre Kundenarbeit schneller zu erledigen. Unternehmer in Deutschland automatisieren ihr Marketing mit Plattformen wie GoHighLevel. Das bedeutet, dass Ihre Inhalte über YouTube, SEO-Blogs, Instagram Reels oder TikTok ein weltweites Publikum erreichen können – mit demselben Aufwand, der auch für eine lokale Zielgruppe nötig wäre. Untertitel, Übersetzungen und mehrsprachige Inhalte können Ihnen dabei einen zusätzlichen Vorteil verschaffen.

Zusammengefasst bedeutet das Verständnis des KI-Softwaremarktes vor allem: zu wissen, welche Probleme Menschen lösen möchten, Tools auszuwählen, die diese Probleme effektiv lösen, Affiliate-Programme mit wiederkehrenden Einnahmen zu finden, sich auf eine klare Zielgruppe zu konzentrieren, hilfreiche Inhalte zu erstellen und Trends sowie globale Entwicklungen im Auge zu behalten. Dies ist kein schneller Weg zum Reichtum, aber es ist ein klarer und bewährter Weg zu nachhaltigem digitalen Einkommen – besonders für diejenigen, die früh beginnen.

Chioma saß unter einem langsam rotierenden Deckenventilator in ihrem kleinen Haus in Lagos, Nigeria. Ihr Laptop wärmte ihre Beine, während das Licht gerade wieder anging, nachdem der Strom kurz ausgefallen war. Sie hatte gerade drei Schüler in Mathematik unterrichtet und hatte noch ein paar Stunden Zeit vor dem Abendessen. Doch diesmal nutzte sie diese Zeit nicht zum Korrigieren von Aufgaben, sondern zum Aufbau ihrer Zukunft.

Ein paar Monate zuvor war sie auf einen Tweet gestoßen, in dem jemand behauptete, mit der Bewerbung von KI-Tools 2.000 Dollar im Monat zu verdienen. Zuerst glaubte sie es nicht. Doch ihre Neugier brachte sie dazu, genauer hinzuschauen. In dieser Nacht sah sie sich stundenlang

YouTube-Videos über KI-Affiliate-Marketing an. Was sie dort entdeckte, gab ihr Hoffnung.

Sie erkannte schnell, dass diese Tools keine komplizierte Technologie für Programmierer waren. Sie waren überraschend einfach – manchmal sogar unterhaltsam – und für ganz normale Menschen entwickelt. Sie probierte einige davon aus: Jasper, das in Sekunden Produktbeschreibungen schreiben konnte; Pictory, das Texte in animierte Videos verwandelte; und ElevenLabs, das realistisch klingende Sprachaufnahmen erzeugte. Bei jedem Tool fand sie einen Link mit der Bezeichnung „Affiliate Program". Als sie darauf klickte, wurde sie eingeladen, sich zu bewerben und an jedem vermittelten Verkauf mitzuverdienen.

Sie registrierte sich für kostenlose Konten, trat den Affiliate-Programmen bei und begann, ihre Erfahrungen zu dokumentieren. Jeden Abend nach dem Unterricht schrieb sie Blogartikel und nahm kurze Videos auf, in denen sie Tools verglich, erklärte, wie man sie nutzt, und Fragen beantwortete, die Menschen in Online-Foren stellten. Sie hatte keine teure Kamera. Die meisten ihrer Videos waren einfache Bildschirmaufnahmen mit Voiceover über ein günstiges Headset. Aber sie wusste eines: Sie versuchte nicht, viral zu gehen. Sie wollte einfach jemandem helfen, der so war wie sie

– jemandem, der etwas mehr Geld verdienen wollte, aber nicht wusste, wo er anfangen sollte.

Nach drei Wochen verdiente sie ihre erste Provision von 19 Dollar. Danach passierte zwei Wochen lang nichts. Doch sie machte weiter, optimierte ihre Überschriften und testete verschiedene Keywords. Sie bemerkte, dass Menschen besser reagierten, wenn sie konkrete Beispiele nutzte, etwa „Wie man mit KI in 60 Sekunden ein YouTube-Skript schreibt". Einige ihrer Beiträge erschienen bald in den Google-Suchergebnissen. Kurz darauf verdiente sie weitere 58 Dollar und im nächsten Monat bereits 112 Dollar. Nach vier Monaten lag ihr durchschnittliches Einkommen bei etwa 275 Dollar pro Monat – alles wiederkehrende Provisionen.

Chiomas Erfolg kam nicht von einem Trick oder Algorithmus-Hack. Er entstand, weil sie verstand, was Menschen wirklich wollten. Andere Lehrer fragten sie, welche Tools sie nutzte. Autoren wollten wissen, wie sie schneller Artikel schreiben konnten. Unternehmer fragten, wie sie Kunden-E-Mails automatisieren konnten. Sie verkaufte keine Funktionen – sie erklärte Vorteile. Sie half den Menschen, sich vorzustellen, wie viel Zeit sie sparen, wie viel Geld sie verdienen und wie viel Stress sie reduzieren könnten. Und als Gegenleistung klickten sie auf ihre Links und meldeten sich an.

Sie konzentrierte sich auf drei Tools, an die sie wirklich glaubte, und lernte alles darüber. Sie jagte nicht jedem neuen Trend hinterher, sondern baute ausführliche Inhalte auf und aktualisierte ihre Tutorials regelmäßig, wenn sich die Tools weiterentwickelten. Sie erstellte sogar eine Vergleichstabelle mit Vor- und Nachteilen, damit Nutzer entscheiden konnten, welches Tool am besten zu ihnen passte. Schritt für Schritt wuchs ihre Online-Präsenz. Schließlich fügte sie E-Mail-Automatisierungen und einen kleinen Newsletter hinzu. Wer sich für ihr kostenloses Tutorial anmeldete, erhielt fünf E-Mails mit Tipps zur Nutzung der Tools – jede mit ihrem Affiliate-Link.

Im sechsten Monat verdiente sie genug Geld, um ihre Miete zu bezahlen. Im selben Monat fragte eine Freundin aus Großbritannien, wie sie online Geld verdiene, und Chioma half ihr dabei, einen eigenen KI-Blog für Fitness-Profis aufzubauen. In diesem Moment wurde ihr klar: Das war nicht nur ein Nebenverdienst. Es war der Beginn eines neuen Kapitels – eines Lebens, in dem sie nicht länger durch ihren Standort, ihre Zeitzone oder eine Einkommensgrenze eingeschränkt war.

Chioma entwickelte keine Software. Sie erfand nichts Neues. Sie erkannte einfach, dass KI-Tools immer wichtiger werden –

und dass jemand anderen helfen musste, sie zu verstehen und zu nutzen. Diese Person konnte sie sein.

Heute schaut sie jede Woche in ihre Affiliate-Dashboards und sieht neue Nutzer aus Indien, Südafrika, den USA und Brasilien, die sich über ihre Links anmelden. Dann lächelt sie. Nicht nur wegen des Einkommens, sondern auch wegen der Wirkung, die sie erzielt hat. Sie hat ihre Nische gefunden. Sie hat den Markt verstanden. Und sie hat gehandelt, bevor die meisten Menschen überhaupt wussten, was möglich ist.

Kapitel 2: Wie Affiliate-Programme funktionieren und wo man sie findet

Affiliate-Programme sind Partnerschaften zwischen Unternehmen und Einzelpersonen, die sich bereit erklären, Produkte zu bewerben und im Gegenzug eine Provision für jeden Verkauf oder jede Anmeldung zu erhalten. Im Kontext von KI-Tools sind diese Programme oft Teil einer größeren Marketingstrategie, die als SaaS-Affiliate-Marketing bekannt ist, und sie sind besonders wirkungsvoll, wenn sie mit Produkten kombiniert werden, die wiederkehrende Einnahmen generieren. Um diese Programme effektiv zu nutzen, müssen Sie verstehen, wie sie funktionieren, welche Angebotsarten existieren, wie die Provisionsstrukturen aufgebaut sind und auf welchen Plattformen Sie die lukrativsten Möglichkeiten finden.

Beginnen wir mit den Grundlagen. Wenn Sie einem Affiliate-Programm beitreten, erhalten Sie einen einzigartigen Tracking-Link, der häufig als „Affiliate-Link“ bezeichnet wird. Diese URL ist speziell für Sie codiert. Wenn jemand auf Ihren Link klickt und sich anmeldet oder einen Kauf tätigt, verfolgt die Affiliate-Plattform diese Aktion und schreibt die entsprechende Provision Ihrem Konto gut. Je nach Einstellungen des Unternehmens kann diese Provision entweder eine einmalige Zahlung oder ein wiederkehrender monatlicher Prozentsatz sein. Einige Programme bieten außerdem Bonuszahlungen an, wenn bestimmte Meilensteine erreicht werden, zum Beispiel wenn Sie Ihre ersten zehn Nutzer vermitteln oder 1.000 Dollar Umsatz generieren.

Im Allgemeinen gibt es zwei Arten von Provisionsmodellen: einmalige Provisionen und wiederkehrende Provisionen. Eine einmalige Provision wird einmal gezahlt, wenn sich jemand über Ihren Link anmeldet oder einen Kauf tätigt. Dieses Modell ist häufig bei E-Books, Vorlagen oder bestimmten Online-Kursen zu finden. Wiederkehrende Provisionen hingegen sind der Schlüssel zum langfristigen Einkommen – besonders bei KI-Tools. Wenn der Kunde, den Sie vermittelt haben, jeden Monat weiter zahlt, verdienen Sie ebenfalls weiterhin daran. Das ist besonders wertvoll bei Software mit monatlichen Abonnementmodellen, wie Jasper, Copy.ai, Pictory, Writesonic, ElevenLabs, Surfer SEO und vielen anderen.

Die meisten KI-Affiliate-Programme zahlen zwischen 15 % und 50 % wiederkehrende Provision. Angenommen, Sie bewerben ein KI-Sprachtool, das 30 Dollar pro Monat kostet. Wenn Ihre Provision 30 % beträgt, verdienen Sie 9 Dollar pro Monat pro Nutzer. Wenn Sie 100 Nutzer vermitteln, verdienen Sie 900 Dollar pro Monat – unabhängig davon, ob Sie gerade arbeiten oder schlafen. Einige Unternehmen bieten sogar sogenannte „Lifetime-Cookies“ an. Das bedeutet, dass Sie Provisionen verdienen, solange der Kunde das Produkt nutzt. Andere Programme arbeiten mit 30- oder 90-Tage-Cookies, was bedeutet, dass Sie eine Provision erhalten, wenn innerhalb dieses Zeitraums nach dem Klick auf Ihren Link ein Kauf erfolgt.

Um diesen Programmen beizutreten, bewerben Sie sich normalerweise über die Website des jeweiligen KI-Unternehmens. Suchen Sie im unteren Bereich der Seite nach Links wie „Affiliate“, „Partnerprogramm“ oder „Empfehlungsprogramm“. Manchmal erfolgt die Anmeldung über Drittanbieter-Plattformen wie PartnerStack, FirstPromoter oder Impact. Diese Plattformen fungieren als Verbindung zwischen Unternehmen und Affiliates. Sie stellen Ihnen Ihre individuellen Links, Auszahlungsberichte und Marketingmaterialien zur Verfügung. Wenn Sie einmal auf solchen Plattformen registriert sind, können Sie oft direkt über dasselbe Dashboard auf viele weitere Programme zugreifen.

Es ist wichtig zu verstehen, dass nicht alle Affiliate-Programme gleich sind. Bevor Sie sich anmelden, sollten Sie einige zentrale Faktoren prüfen: Wie hoch ist die Provision und ist sie wettbewerbsfähig, beispielsweise 25 % oder mehr? Wie häufig werden Provisionen ausgezahlt und gibt es Mindestbeträge für Auszahlungen? Wie lange dauert das Cookie-Tracking – erhalten Sie also auch Tage oder Wochen nach dem ersten Klick noch eine Provision? Wie hoch ist die Conversion-Rate des Produkts, insbesondere wenn es eine kostenlose Testversion gibt? Bietet das Unternehmen Marketingmaterialien wie Banner, E-Mail-Vorlagen oder Demo-Videos? Wie funktioniert die Rückerstattungspolitik, da manche Programme Provisionen zurückfordern, wenn ein Nutzer sein Abonnement kündigt? Und schließlich: Welche Zahlungsmethoden werden angeboten, zum Beispiel PayPal oder Banküberweisung?

Sie müssen nicht jedes verfügbare Tool bewerben. Tatsächlich kann es effektiver sein, sich auf drei bis fünf hochwertige Programme zu konzentrieren, statt zwanzig mittelmäßige gleichzeitig zu bewerben. Beginnen Sie mit Tools, die Sie selbst nutzen oder wirklich empfehlen können. Wenn Sie beispielsweise ChatGPT verwenden, um Videoskripte zu erstellen, können Sie ergänzende Tools oder Kurse empfehlen. Wenn Sie ElevenLabs für Hörbücher nutzen, zeigen Sie anderen, wie Sie es einsetzen, und fügen Sie Ihren Empfehlungslink hinzu. Authentizität schafft Vertrauen – und Vertrauen führt zu Verkäufen.

Doch wo findet man Affiliate-Programme für KI-Tools? Es gibt mehrere gute Möglichkeiten. Zunächst können Sie direkt auf den Websites der Unternehmen suchen, indem Sie im Footer nach „Affiliate“ oder „Partnerprogramm“ suchen oder einfach nach „Name des Tools + Affiliate Program“ googeln. Plattformen wie PartnerStack sind besonders beliebt für KI- und SaaS-Tools und bieten professionelle Dashboards für Affiliates. FirstPromoter wird ebenfalls von vielen KI-Unternehmen genutzt. Impact ist ein großer Affiliate-Marktplatz für Softwareprodukte. Plattformen wie ClickBank oder Digistore24 sind weniger auf KI spezialisiert, können aber dennoch interessante Angebote enthalten. Auch JVZoo oder WarriorPlus listen gelegentlich KI-basierte Produkte. Darüber hinaus verlinken viele KI-Verzeichnisse wie FutureTools.io oder TheresAnAIForthat.com direkt zu Affiliate- oder Partnerseiten.

Wenn Sie ein Programm gefunden haben, bewerben Sie sich mit einem klaren Profil. Wenn das Unternehmen fragt, wie Sie das Produkt bewerben möchten, seien Sie ehrlich. Sie können beispielsweise angeben, dass Sie Blogs, YouTube, TikTok, Instagram oder E-Mail-Marketing verwenden möchten. Viele Unternehmen bevorzugen Affiliates mit einem klaren Plan, während andere auch Anfänger akzeptieren, solange diese keine irreführenden oder unseriösen Methoden verwenden.

Sobald Sie akzeptiert wurden, erstellen Sie zunächst Ihre individuellen Affiliate-Links und speichern Sie Ihr Dashboard.

Wenn das Programm Marketingmaterialien wie Banner oder vorgefertigte E-Mails bereitstellt, können Sie diese herunterladen. Dennoch sollten Sie Inhalte nicht einfach kopieren. Fügen Sie immer Ihre eigene Stimme hinzu. Erfolgreicher Content beginnt meist mit Bildung oder Unterhaltung und nicht mit direkter Werbung. Ein Blogartikel mit dem Titel „Die 5 besten KI-Tools für Copywriter" oder ein YouTube-Video wie „Ich habe KI genutzt, um meinen Podcast zu bearbeiten – das ist passiert" wird fast immer besser funktionieren als eine einfache Aufforderung wie „Kaufen Sie dieses KI-Tool jetzt".

Es ist außerdem wichtig, Ihre Ergebnisse zu verfolgen. Tools wie Bitly oder Pretty Links helfen Ihnen dabei zu sehen, welche Inhalte am besten funktionieren. Mit der Zeit erkennen Sie, welche 20 Prozent Ihrer Inhalte 80 Prozent Ihrer Einnahmen generieren. Konzentrieren Sie sich dann stärker auf diese Formate und Themen.

Zusammengefasst sind Affiliate-Programme nicht nur eine Möglichkeit, Geld zu verdienen, sondern echte Geschäftsbeziehungen. Behandeln Sie sie professionell, verstehen Sie ihre Funktionsweise und setzen Sie auf Qualität statt Quantität. Wenn Sie Ihr Geschäft rund um vertrauenswürdige KI-Tools mit starken Provisionen und echtem Nutzen aufbauen, schaffen Sie die Grundlage für eine nachhaltige und skalierbare Einkommensquelle, die Monat für Monat wachsen kann – selbst wenn Sie heute ohne Erfahrung beginnen.

Amara scrollte durch ihre Instagram-Direktnachrichten und beantwortete eine Frage eines Followers: „Welches KI-Sprachtool benutzt du in deinen Videos?" Sie lächelte. Noch vor ein paar Monaten hatte kaum jemand ihre Inhalte bemerkt. Jetzt baten Menschen sie täglich um Empfehlungen – und jedes Mal, wenn sie antwortete, fügte sie einen Link hinzu. Einen Link, der ihr immer wieder Geld einbrachte.

Ein Jahr zuvor war Amara arbeitslos gewesen. Das Startup, bei dem sie gearbeitet hatte, war geschlossen worden, und neue Jobangebote ließen auf sich warten. Morgens bewarb sie sich auf Stellen, abends experimentierte sie mit kostenlosen KI-Tools und erstellte kurze Videos. Aus Langeweile nahm sie einige Bildschirmaufnahmen auf, in denen sie zeigte, wie sie mit ElevenLabs ihre Stimme klonte und mit Pictory in wenigen Minuten Videos bearbeitete. Sie veröffentlichte diese Clips auf TikTok und YouTube Shorts. Die Videos bekamen Aufrufe – nicht tausende, aber immerhin einige hundert. Und die Leute begannen Fragen zu stellen.

Über Affiliate-Marketing wusste sie zunächst wenig. Doch ein Kommentar änderte alles: „Hast du einen Link zu diesem

Tool?“ Neugierig besuchte sie die Website von ElevenLabs und entdeckte im Footer einen kleinen Link mit der Aufschrift „Affiliate Program“. Sie klickte darauf. Der Link führte zu einem Anmeldeformular auf einer Plattform namens FirstPromoter. Sie füllte das Formular aus, erklärte, dass sie die Tools über TikTok und YouTube bewerben wollte, und klickte auf „Senden“.

Zwei Tage später wurde sie akzeptiert. Die Plattform stellte ihr einen einzigartigen Affiliate-Link, vorgefertigte Social-Media-Texte und einige Bilder zur Verfügung. Sie machte sich nicht viele Gedanken darüber. Sie aktualisierte einfach den Link in ihrer Bio, fügte ihn in ihre Videobeschreibungen ein und begann, auf Direktnachrichten mit ihrem neuen Empfehlungslink zu antworten. Am nächsten Tag verdiente sie ihre erste Provision: 8,79 Dollar.

Zunächst war sie überrascht. Konnte es wirklich so einfach sein? Inhalte posten, einen Link hinzufügen und eine Provision verdienen, wenn sich jemand anmeldet? Doch schnell erkannte sie, dass mehr dahintersteckte als Glück. Sie begann, andere erfolgreiche Affiliate-Creator zu beobachten. Diese spammten nicht – sie erklärten und lehrten. Statt zu sagen „Kaufen Sie dieses Tool“, sagten sie „So spare ich mit diesem Tool jede Woche fünf Stunden“. Diese Perspektive änderte alles.

Sie recherchierte weiter. Auch Pictory hatte ein Affiliate-Programm, diesmal über PartnerStack. Dasselbe galt für Jasper, Synthesia und Copy.ai. Manche Programme zahlten 20 %, andere 40 %. Einige boten sogar wiederkehrende Provisionen. Sie bewarb sich bei mehreren Programmen und wurde angenommen. Plötzlich hatte sie Zugriff auf fünf Tools, die sie ohnehin nutzte – und wurde dafür bezahlt, sie zu empfehlen.

Amara begann, ihre Links zu organisieren. Sie erstellte eine kostenlose Linktree-Seite und beschriftete jedes Tool mit einem kurzen Vorteil: „Voice Cloning mit ElevenLabs", „Schnelle Videobearbeitung mit Pictory", „Sofortiges Schreiben mit Jasper". Danach produzierte sie neue Tutorials, in denen sie Schritt für Schritt zeigte, wie man die Tools verwendet. Dieses Mal fügte sie kleine Handlungsaufforderungen hinzu: „Link in meiner Bio, wenn du es selbst ausprobieren möchtest."

Nach einem Monat verdiente sie 147 Dollar. Im dritten Monat lag ihr Einkommen bereits bei über 400 Dollar. Einige Provisionen waren einmalige Zahlungen, andere wiederkehrend und stapelten sich Monat für Monat. In diesem Moment erkannte sie: Das war ein echtes Geschäft. Sie verdiente nicht einfach nur „Geld im Internet". Sie baute eine

Einkommensquelle auf, die nicht von Kundenaufträgen, Lagerbeständen oder festen Arbeitszeiten abhing.

Mit der Zeit wurde sie strategischer. Sie lernte, wie Cookie-Laufzeiten funktionieren und wie lange ihre Links Nutzer tracken. Sie konzentrierte sich auf Tools mit Lifetime-Cookies oder 90-Tage-Tracking. Einige Programme boten sogar Bonuszahlungen an, zum Beispiel zusätzliche 100 Dollar, wenn man zehn Nutzer vermittelte. Sie machte Screenshots ihrer Affiliate-Dashboards und nutzte diese in Videos als Beweis dafür, dass das System funktionierte.

Als ihr Selbstvertrauen wuchs, fügte sie ein einfaches E-Mail-Anmeldeformular hinzu. Sie bot eine kostenlose „Top 5 KI-Tools Cheat Sheet" im Austausch für E-Mail-Adressen an. Innerhalb weniger Wochen wuchs ihre Liste auf 300 Abonnenten. Sie schickte ihnen Updates, Tool-Bewertungen und Tipps – und ihre Einnahmen stiegen erneut.

Eines Tages schrieb ihr ein Follower: „Ich habe mich über deinen Link bei Pictory angemeldet und liebe es. Kannst du mir auch ein gutes KI-Sprachtool empfehlen?" In diesem Moment wurde ihr etwas klar. Ihre Aufgabe war nicht, Tools zu verkaufen. Ihre Aufgabe war es, Menschen durch den Dschungel der KI-Tools zu führen. Eine Art Kuratorin zu sein. Eine vertrauenswürdige Quelle.

Heute führt Amara ein schlankes Ein-Personen-Unternehmen aus ihrem Schlafzimmer heraus. Keine eigenen Produkte. Kein Lagerbestand. Keine Mitarbeiter. Nur ihr Smartphone, ihr Laptop, eine wachsende Community und einige wenige Links, die jeweils eine Geschichte erzählen, ein Problem lösen und eine Lösung anbieten. Affiliate-Marketing ist für sie längst nicht mehr nur ein Nebenverdienst. Es ist die Brücke geworden – von Arbeitslosigkeit zu Unabhängigkeit.

Und alles begann mit einem einzigen kleinen Link im Footer einer Website.

Kapitel 3: Die besten KI-Tools, die Sie heute bewerben können

Das Geheimnis, um als KI-Affiliate ein konstantes Einkommen zu erzielen, besteht nicht nur darin zu verstehen, wie Affiliate-Marketing funktioniert – sondern auch darin zu wissen, was man bewerben sollte. Die falschen Tools können Ihre Zeit und Energie verschwenden. Die richtigen Tools hingegen können Monat für Monat passives Einkommen generieren. In diesem Kapitel lernen Sie, wie Sie die besten KI-Tools für die Bewerbung identifizieren, welche Eigenschaften ein Tool besonders affiliate-freundlich machen und welche führenden KI-Softwarelösungen derzeit besonders gefragt sind. Dabei betrachten wir verschiedene Kategorien von Tools mit hoher Nachfrage, wiederkehrenden Provisionen und globaler Reichweite.

Zunächst sollten wir definieren, was ein KI-Tool zu einem guten Kandidaten für Affiliate-Promotion macht. Erstens muss es ein echtes Problem lösen, nach dessen Lösung Menschen aktiv suchen. Wenn Sie jemanden erst überzeugen müssen, dass er ein Tool braucht, kämpfen Sie gegen den Markt. Wenn ein Tool jedoch ein bekanntes Problem löst – zum Beispiel schneller E-Mails schreiben, Videos automatisch bearbeiten oder Stimmen klonen – verkauft es sich fast von selbst.

Zweitens sollte das Tool einfach zu bedienen sein. Wenn Nutzer es zu kompliziert finden, kündigen sie schnell wieder, was für Sie weniger wiederkehrende Provisionen bedeutet. Drittens sind Tools mit kostenloser Testphase oder Freemium-Modell besonders wertvoll, da sie die Einstiegshürde senken und Ihrer Zielgruppe ermöglichen, den Nutzen selbst zu erleben. Schließlich sollten Sie Tools bevorzugen, die hohe Conversion-Raten, positive Bewertungen und zuverlässige Affiliate-Tracking-Systeme über Plattformen wie PartnerStack oder FirstPromoter besitzen.

Beginnen wir mit einer wichtigen Kategorie: KI-Schreibtools. Dazu gehören Jasper AI, Copy.ai, Writesonic und Rytr. Jasper und Copy.ai gehören zu den bekanntesten Plattformen und bieten Affiliate-Programme mit 30 bis 50 Prozent wiederkehrender Provision. Diese Tools helfen Nutzern dabei, Blogartikel, Werbetexte, E-Mails und Social-Media-Beiträge schnell zu erstellen. Sie sind daher besonders attraktiv für Marketingexperten, Freelancer und kleine Unternehmen. Viele dieser Tools bieten Vorlagen, Teamfunktionen und Integrationen, die die Nutzer langfristig binden – und damit auch Ihre Einnahmen steigern.

Die nächste Kategorie umfasst KI-Stimm- und Audio-Tools. Ein besonders herausragendes Beispiel ist ElevenLabs. Dieses Tool ermöglicht es Nutzern, realistische Voiceovers für

Podcasts, Hörbücher, YouTube-Videos und Schulungsinhalte zu erstellen. Die Plattform ist durch ihre lebensechte Sprachqualität und ihre mehrsprachigen Funktionen extrem populär geworden. Weitere Tools in dieser Kategorie sind PlayHT und Murf.ai. Diese Lösungen eignen sich hervorragend für Content-Creator, Autoren, Lehrer und Video-Marketer. Die Nachfrage nach Voiceover-Technologie wächst stark, besonders weil immer mehr Menschen sogenannte „faceless“ Content-Kanäle auf YouTube Shorts oder TikTok aufbauen.

Eine weitere boomende Kategorie sind KI-Video-Tools. Zu den wichtigsten gehören Pictory, InVideo, Synthesia und RunwayML. Pictory ermöglicht es Nutzern, Blogartikel oder Skripte automatisch in vollständige Videos mit Stockmaterial, Voiceovers, Untertiteln und Musik zu verwandeln – alles mithilfe von KI. Dieses Tool eignet sich perfekt für Social-Media-Creator, Coaches oder jeden, der Inhalte schnell wiederverwerten möchte. Synthesia ist ein hochwertigeres Tool, das KI-Avatar-Videos in mehreren Sprachen erstellt und besonders im Unternehmensbereich für Trainings und internationale Kommunikation genutzt wird. Diese Tools zahlen häufig wiederkehrende Provisionen und sprechen eine breite Nutzergruppe an.

Eine weitere riesige Kategorie sind KI-Chat- und Automatisierungstools. Plattformen wie Chatbase, Botpress und CustomGPT ermöglichen es Nutzern, eigene KI-Chatbots mit großen Sprachmodellen zu erstellen. Besonders beliebt sind sie bei Kundensupport-Teams, E-Commerce-Unternehmen und Beratern. Wenn Ihre Zielgruppe Entwickler, Unternehmer oder Personen umfasst, die Kundenerlebnisse verbessern möchten, bieten diese Tools enormes Potenzial. Plattformen wie ManyChat oder GoHighLevel integrieren ebenfalls KI-Funktionen und zahlen oft hohe Provisionen für ihre umfassenden Automatisierungsplattformen.

Auch KI-Design- und Bildtools sollten nicht vergessen werden. Canva – mittlerweile mit integrierten KI-Funktionen – sowie Looka, Midjourney (über Community-Empfehlungen) und Leonardo.ai sind hervorragende Tools, wenn Ihre Zielgruppe Designer, Einzelunternehmer oder Social-Media-Manager umfasst. Einige Designplattformen besitzen kein offizielles Affiliate-Programm, aber Sie können häufig ergänzende Produkte wie Vorlagen, Presets oder KI-basierte Designpakete bewerben. Das Affiliate-Programm von Canva zahlt sowohl für kostenlose als auch für Pro-Anmeldungen und funktioniert weltweit.

Neben einzelnen Tools gibt es auch KI-Marktplätze und Bundle-Angebote, die Provisionen zahlen. AppSumo beispielsweise bietet häufig KI-Tools mit sogenannten Lifetime-Deals an und verfügt über ein eigenes Affiliate-Programm. Plattformen wie FutureTools.io oder verschiedene KI-Verzeichnisse besitzen ebenfalls Empfehlungsprogramme. Außerdem können Sie mehrere Tools in eigenen Lead-Magneten oder Vergleichsartikeln kombinieren, etwa in einem Blogbeitrag mit dem Titel „Die 7 besten KI-Tools für Immobilienmakler“, und so mit einem einzigen Inhalt mehrere Provisionen verdienen.

Hier ist eine kurze Übersicht einiger beliebter KI-Tools mit Affiliate-Programmen:

Jasper AI – KI-Content-Erstellung mit etwa 30 % wiederkehrender Provision über PartnerStack.

Copy.ai – Schreibassistent mit kostenlosem Plan und etwa 45 % wiederkehrender Provision über FirstPromoter.

ElevenLabs – KI-Sprachgenerierung mit realistischer Audioqualität und Affiliate-Programm mit Lifetime-Cookies.

Pictory – KI-Videoerstellung mit etwa 30 % wiederkehrender Provision über PartnerStack.

Synthesia – KI-Avatar-Videos für Unternehmen mit attraktiven Provisionen.

Writesonic – Kombination aus Schreiben, Chatbots und Bildgenerierung mit etwa 30 % wiederkehrender Provision.

Murf.ai – KI-Stimmen mit starken Funktionen für Unternehmen und Affiliate-Provisionen.

InVideo – KI-Videoeditor mit schnell wachsender Nachfrage.

GoHighLevel – All-in-one CRM mit KI-Funktionen und hohen wiederkehrenden Provisionen.

Surfer SEO – KI-gestütztes SEO-Tool für Blogger und Agenturen.

Canva – Designplattform mit KI-Funktionen und globaler Reichweite.

AppSumo – Marktplatz mit Lifetime-Angeboten für trendige KI-Tools und Affiliate-Auszahlungen.

Bei der Auswahl der Tools sollten Sie immer zuerst an Ihre Zielgruppe denken. Wenn Ihre Zielgruppe aus Content-Creatorn besteht, konzentrieren Sie sich auf Video-, Voice- und Bearbeitungstools. Wenn Sie Blogger oder Marketingexperten ansprechen, eignen sich Schreib- und SEO-Tools besser. Wenn Sie Lehrer oder Trainer erreichen möchten, könnten Voice-, Präsentations- oder Foliengenerator-Tools ideal sein. Je besser die Übereinstimmung zwischen Zielgruppe und Tool ist, desto höher sind Ihre Conversion- und Retention-Raten.

Es ist außerdem sinnvoll, langfristige Beziehungen zu den Plattformen aufzubauen. Abonnieren Sie Affiliate-Newsletter der Unternehmen und fragen Sie nach frühzeitigem Zugang zu neuen Funktionen oder Aktionen. Manche Firmen bieten exklusive Rabattcodes oder höhere Provisionen, wenn Sie viele Nutzer vermitteln. Denken Sie auch daran, dass sich der KI-Markt schnell weiterentwickelt. Aktualisieren Sie regelmäßig Ihre Inhalte, ersetzen Sie schlecht performende Links und bleiben Sie technologisch auf dem neuesten Stand.

Die richtigen Tools – kombiniert mit authentischem Content und kontinuierlicher Promotion – bilden die Grundlage für eine starke Affiliate-Strategie. Im nächsten Kapitel erfahren Sie, wie Sie Ihren ersten Affiliate-Funnel aufbauen, um interessierte Besucher in langfristige Kunden zu verwandeln.

Santiago lebte als Grafikdesigner in Medellín in Kolumbien und liebte es, neue Tools auszuprobieren. Immer wenn eine neue Software erschien, war er der Erste in seiner Designergruppe, der sie testete. Doch trotz seiner Kreativität und Fähigkeiten hatte er Schwierigkeiten, ein stabiles Einkommen aufzubauen. Freelance-Aufträge kamen und gingen, Kunden zahlten verspätet, Rechnungen jedoch nicht. Deshalb begann er, nach einer zusätzlichen Einnahmequelle zu suchen, die ihn nicht ausbrannte.

Eines Nachmittags sah er sich ein YouTube-Tutorial über Midjourney-Prompts an und bemerkte, dass der Creator einen Link mit der Bezeichnung „Midjourney + KI-Bundles ausprobieren" eingefügt hatte. Santiago klickte darauf und landete auf einem Blog, der mehrere Tools miteinander verglich – jedes mit einem eigenen Affiliate-Link. Neugierig begann er zu recherchieren und stellte fest, dass der Blogger Provisionen von jedem Tool erhielt, das in dem Artikel erwähnt wurde – genau die Tools, die Santiago selbst täglich nutzte.

Dieser Moment brachte ihn auf eine Idee. Was wäre, wenn er sein Wissen über KI-Design-Tools in Inhalte verwandeln könnte, die ihm Geld einbringen? Er machte eine Liste aller Tools aus seinem kreativen Workflow: Canva, Midjourney, Looka und Leonardo.ai. Anschließend überprüfte er, welche davon Affiliate-Programme hatten. Canva hatte eines, ebenso Looka. Midjourney hatte zu diesem Zeitpunkt keines, doch Santiago erkannte, dass er trotzdem Prompt-Bibliotheken oder ergänzende Tools empfehlen konnte. Noch am selben Abend meldete er sich bei vier Affiliate-Programmen an.

Statt sofort eine große Website zu erstellen, konzentrierte sich Santiago auf das, was er am besten konnte: visuelle Inhalte. Er nahm kurze Reels auf, in denen er zeigte, wie er mit den KI-Funktionen von Canva in weniger als fünf Minuten Logo-Mockups erstellte. Auf Instagram veröffentlichte er Karussell-Posts mit Schritt-für-Schritt-Anleitungen zur Nutzung von Leonardo.ai für Charakterdesigns. Außerdem startete er eine YouTube-Playlist mit dem Titel „Kostenlose KI-Tools, die ich als Designer nutze“ und fügte Affiliate-Links in die Videobeschreibungen ein.

Was seinen Ansatz besonders machte, war die Art, wie er Geschichten erzählte. Er sagte nicht: „Nutze dieses Tool, um Geld zu verdienen.“ Stattdessen sagte er: „So habe ich aus einem einfachen Text-Prompt fünf bezahlte Designs erstellt.“ Oder: „Schau zu, wie ich in 15 Minuten mit Canva und Midjourney eine Bäckerei neu brandete.“ Die Tools standen nie im Mittelpunkt – die Ergebnisse taten es. Und sobald Menschen diese Ergebnisse sahen, wollten sie wissen, wie sie selbst dorthin kommen konnten.

Schon bald erhielt er Nachrichten wie: „Welchen Canva-Pro-Plan nutzt du?“ oder „Kannst du diese Vorlage teilen?“ oder „Wo kann ich mich für dieses Logo-Tool anmelden?“ Jede Frage war eine Gelegenheit – und Santiago antwortete stets mit hilfreichen Tipps und seinem Link. Er war nicht aufdringlich, sondern großzügig mit seinem Wissen. Und genau das zahlte sich aus.

Am Ende des zweiten Monats hatte er über 300 Dollar an Provisionen verdient, hauptsächlich durch Canva und Looka. Das Beste daran war jedoch die Beständigkeit. Viele Nutzer blieben nach der Anmeldung dauerhaft abonnieren. Jeder neue Monat brachte zusätzliches Einkommen – selbst wenn er nichts Neues veröffentlichte. Sein Lieblingsaspekt? Er wurde dafür bezahlt, über Tools zu sprechen, die er ohnehin liebte und bereits zuvor kostenlos empfohlen hatte.

Später erweiterte er seine Liste. Er fügte Pictory hinzu, nachdem er gesehen hatte, wie ein anderer Designer das Tool nutzte. Er testete InVideo und erstellte ein Tutorial darüber, wie man Kundenportfolios ohne Videobearbeitung animieren kann. Er entdeckte neue KI-Marktplätze und kombinierte mehrere Tools in thematischen Blogartikeln wie „Die 5 besten KI-Tools für Freelance-Designer“ oder „Die besten KI-Apps für das Branding kleiner Unternehmen“.

Santiago bezeichnete sich selbst nie als Affiliate-Marketer. Für ihn war er weiterhin in erster Linie ein Creator. Doch sein Bankkonto erzählte eine andere Geschichte. Mittlerweile verdiente er zwischen 600 und 800 Dollar pro Monat an wiederkehrenden Einnahmen aus Links, die in Videos, Blogs und Social-Media-Beiträgen platziert waren, die er Wochen zuvor erstellt hatte.

Mit wachsender Bekanntheit begannen sogar KI-Unternehmen, ihn zu kontaktieren. Sie boten ihm Beta-Zugänge und bessere Affiliate-Provisionen an. Einige fragten sogar, ob er gesponserte Inhalte erstellen wollte. Doch

Santiago blieb seinem Prinzip treu: Er bewarb nur Tools, die er selbst nutzte und die eine hervorragende Nutzererfahrung boten. Er wusste, dass eine schlechte Empfehlung Vertrauen zerstören kann, während eine gute Empfehlung eine langfristige Beziehung aufbaut.

Heute beginnt Santiago jeden Monat mit Zuversicht. Egal, welche Kundenprojekte anstehen, er weiß, dass eine stabile Einkommensquelle aus den Inhalten und Tools fließt, die er bereits geteilt hat. Er hat eine digitale Einkommensmaschine aufgebaut – angetrieben von Authentizität und verstärkt durch Automatisierung. Und alles begann mit der Neugier eines Designers und ein paar Links in einer Videobeschreibung.

Kapitel 4: Aufbau eines Affiliate-Funnels, der konvertiert

Wenn Sie mit KI-Affiliate-Programmen ein konstantes und skalierbares Einkommen erzielen möchten, benötigen Sie mehr als nur Affiliate-Links – Sie brauchen ein funktionierendes Konversionssystem. Dieses System wird häufig als Funnel bezeichnet, und genau dieser Unterschied entscheidet darüber, ob Sie einmalig 50 Dollar verdienen oder jeden Monat über 5.000 Dollar generieren. Ein Funnel ist im Grunde der Prozess, durch den Sie eine Person führen: vom ersten Kontakt mit dem Tool über das Kennenlernen bis hin zum Klick auf Ihren Affiliate-Link und schließlich zur Anmeldung oder zum Kauf. Ohne einen klaren Funnel werden selbst die besten KI-Tools und Programme mit hohen Provisionen kaum Ergebnisse liefern.

Ein erfolgreicher Affiliate-Funnel besteht aus drei zentralen Elementen: Traffic, Mehrwert und Konversion. Zunächst brauchen Sie Traffic – also Menschen, die Ihre Inhalte sehen. Dieser Traffic kann über soziale Medien, Suchmaschinen, E-Mail-Newsletter oder Videoplattformen wie YouTube kommen. Doch Traffic allein reicht nicht aus. Entscheidend ist der Mehrwert. Mehrwert sorgt für Vertrauen und hält die Aufmerksamkeit der Nutzer. Sie liefern Mehrwert, indem Sie

Menschen etwas beibringen, sie unterhalten oder ein konkretes Problem lösen. Die eigentliche Konversion erfolgt dann, wenn jemand handelt – meist indem er auf Ihren Affiliate-Link klickt und sich für ein Tool anmeldet. Ihre Aufgabe besteht darin, jede dieser Stufen so zu optimieren, dass sich Menschen mühelos durch Ihren Funnel bewegen.

Am oberen Teil des Funnels entdecken Menschen zum ersten Mal Sie oder Ihren Content. Das kann ein TikTok-Tutorial, ein YouTube-Video, ein Blogartikel, ein Tweet oder ein Instagram-Karussell sein. Entscheidend ist dabei die Absicht der Nutzer. Zufälliger viraler Content bringt wenig, wenn er nicht Menschen erreicht, die tatsächlich Interesse an KI-Tools haben. Deshalb funktionieren Nischeninhalte besser. Ein Titel wie „Wie ich KI nutze, um Kunden-E-Mails schneller zu schreiben“ wird deutlich besser funktionieren als „Unglaubliches KI-Video!“, weil er Menschen anspricht, die bereits nach Lösungen suchen. Plattformen wie YouTube oder Google sind besonders wertvoll, da Nutzer dort gezielt nach Antworten suchen.

Im mittleren Teil des Funnels bauen Sie Vertrauen auf und liefern echten Mehrwert. Das geschieht meist über ausführlichere Inhalte wie Tutorials, Vergleichsartikel, Mini-Guides oder kostenlose Downloads. In dieser Phase ist Ihr Publikum interessiert, aber noch nicht überzeugt. Es muss verstehen, was das Tool macht, wie es ein Problem löst und warum Ihre Empfehlung vertrauenswürdig ist. Genau hier glänzen edukative Inhalte. Zeigen Sie konkrete Anwendungsfälle für das KI-Tool. Erklären Sie die Ergebnisse, die Sie erzielt haben. Nennen Sie Vor- und Nachteile. Nutzen Sie Screenshots, Live-Demos oder Vorher-Nachher-Vergleiche. Und platzieren Sie Ihren Affiliate-Link natürlich – am Anfang, in der Mitte und am Ende des Inhalts.

Der untere Teil des Funnels ist der Punkt, an dem die eigentliche Konversion stattfindet. Dies kann eine Landingpage, eine E-Mail-Automation oder eine ausführliche Produktbewertung sein. Ihr Ziel ist es, die letzten Zweifel zu beseitigen. Bieten Sie Boni oder zusätzliche Vorteile an, zum Beispiel: „Melden Sie sich über meinen Link an und erhalten Sie mein kostenloses KI-Template-Bundle." Beantworten Sie typische Fragen wie „Lohnt sich das?" oder „Funktioniert das auch für mich?" Nutzen Sie Erfahrungsberichte oder Screenshots Ihrer eigenen Ergebnisse. Machen Sie die Entscheidung so einfach wie möglich und verwenden Sie klare Handlungsaufforderungen wie: „Klicken Sie hier und testen Sie das Tool 14 Tage kostenlos – ohne Kreditkarte."

Um Ihren Affiliate-Funnel aufzubauen, benötigen Sie einige kostenlose oder günstige Tools. Zunächst sollten Sie ein Link-in-Bio-Tool wie Linktree, Solo.to oder Taplink einrichten, damit Sie alle Ihre Affiliate-Links an einem Ort bündeln können. Danach können Sie mit einem Landingpage-Builder wie Carrd, Systeme.io oder ConvertKit eine einfache Seite erstellen, auf der Sie einen kostenlosen Guide oder ein Geschenk im Austausch gegen eine E-Mail-Adresse anbieten. Anschließend richten Sie ein automatisiertes E-Mail-System ein, das regelmäßig hilfreiche Inhalte versendet und Nutzer daran erinnert, sich über Ihre Links anzumelden. Dadurch werden aus gelegentlichen Besuchern langfristige Abonnenten und Käufer.

Eine besonders effektive Strategie ist das Modell „Kostenloser Guide oder Mini-Kurs". Dabei erstellen Sie eine herunterladbare Checkliste, ein PDF oder eine kurze E-Mail-Serie, zum Beispiel mit dem Titel „5 KI-Tools, die mir diesen Monat 20 Stunden Arbeit erspart haben". Wenn jemand sich anmeldet, erhält er den Guide und anschließend drei bis fünf E-Mails, in denen jedes Tool ausführlicher erklärt wird. Jede dieser E-Mails enthält Ihren Affiliate-Link. Dieses Modell funktioniert hervorragend, weil es Vertrauen aufbaut und strukturierte Informationen liefert, statt einfach nur Links zu teilen.

Eine weitere wirkungsvolle Methode ist die sogenannte Bonus-Stack-Strategie. Dabei bieten Sie zusätzliche Inhalte an, um Menschen zu motivieren, Ihren Link zu nutzen. Wenn Sie beispielsweise Jasper bewerben, könnten Sie eigene Prompt-Vorlagen oder Template-Bibliotheken als Bonus anbieten. Wenn Sie ein KI-Videotool empfehlen, könnten Sie einen Content-Kalender oder eine Videoskript-Vorlage hinzufügen. Solche Boni geben Ihnen einen klaren Wettbewerbsvorteil und schaffen eine Win-Win-Situation für Ihre Zielgruppe.

Analysen spielen ebenfalls eine wichtige Rolle. Tools wie Pretty Links, Bitly oder Google Analytics helfen Ihnen zu verstehen, wo Ihre Klicks herkommen. Wenn beispielsweise Ihre Blogartikel 60 Prozent der Klicks erzeugen und Ihre Instagram-Stories nur fünf Prozent, wissen Sie genau, wo Sie Ihre Energie investieren sollten. Auch viele Affiliate-Dashboards zeigen detaillierte Daten darüber, wer geklickt, sich angemeldet und Provisionen generiert hat. Mit der Zeit können Sie so erkennen, welche Inhalte am besten funktionieren und Ihren Funnel entsprechend optimieren.

Zusammengefasst zeichnet sich ein erfolgreicher Affiliate-Funnel dadurch aus, dass er gezielten Traffic durch hilfreiche Inhalte anzieht, Vertrauen durch Tutorials und echte Beispiele aufbaut und Nutzer durch klare Handlungsaufforderungen, Boni und E-Mail-Follow-ups zur Anmeldung motiviert. Unterstützt wird dieser Prozess durch Tools wie Landingpages, Link-in-Bio-Plattformen und automatisierte E-Mails sowie durch kontinuierliche Analyse und Optimierung.

Sie müssen kein Marketingexperte sein, um einen Funnel zu erstellen, der funktioniert. Sie müssen lediglich strategisch denken, hilfreiche Inhalte liefern und konsequent bleiben. Sobald Ihr Funnel einmal aufgebaut ist und funktioniert, arbeitet er im Hintergrund weiter – er generiert Leads, Empfehlungen und Provisionen, während Sie schlafen.

Im nächsten Kapitel erfahren Sie, wie Sie Inhalte erstellen, die Käufer anziehen, Ihre Autorität stärken und Menschen dazu bringen, immer wieder zu Ihren Plattformen zurückzukehren.

Fatima hatte sich nie als Verkäuferin gesehen. Tatsächlich hatte sie den Verkauf die meiste Zeit ihres Lebens vermieden. Doch das änderte sich in dem Moment, als sie erkannte, dass sie gar nichts verkaufen musste – sie musste nur helfen. Fatima lebte in Kairo und hatte einen kleinen YouTube-Kanal gestartet, auf dem sie erklärte, wie man KI-Tools auf Arabisch nutzt. Der Kanal war noch klein, mit nur wenigen hundert Abonnenten, doch sie bemerkte etwas Interessantes: Jedes Mal, wenn sie etwas Praktisches zeigte, schauten die Menschen bis zum Ende zu. Wenn sie beiläufig einen Link erwähnte, klickten sie darauf. Und wenn sie Schritt für Schritt erklärte, wie etwas funktioniert, kamen sie wieder.

Fatima hatte sich bereits bei Affiliate-Programmen von Jasper, Pictory und ElevenLabs angemeldet, doch zunächst erzielte sie kaum Ergebnisse. Das änderte sich erst, als sie ihren ersten echten Funnel erstellte. Alles begann mit einem Video mit dem Titel „3 KI-Tools, mit denen ich jede Woche 10 Stunden spare". Sie versuchte nicht, viral zu gehen. Stattdessen konzentrierte sie sich darauf, klar und praktisch zu sein. In dem Video zeigte sie, wie sie mit Jasper Blogeinleitungen schrieb, diese mit Pictory in Videos verwandelte und mit ElevenLabs Voiceovers erstellte. Sie nahm ihren Bildschirm auf, gab Tipps in Echtzeit und hielt das Video unter sechs Minuten. In der Beschreibung platzierte sie einen Link zu einer einfachen Landingpage mit dem Titel: „Hol dir meine kostenlose KI-Workflow-Vorlage."

Diese Landingpage, erstellt mit Carrd, bot ein herunterladbares PDF mit einer Schritt-für-Schritt-Anleitung für genau den Workflow, den sie im Video gezeigt hatte. Um das Dokument zu erhalten, mussten Besucher ihre E-Mail-Adresse eingeben. Danach wurden sie automatisch zu ihrer ConvertKit-E-Mail-Liste hinzugefügt und erhielten sofort das PDF. Doch das war erst der Anfang.

In den folgenden fünf Tagen erhielten sie kurze, wertvolle E-Mails. Am ersten Tag stellte sie sich vor und fügte Links zu den Tools hinzu. Am zweiten Tag erklärte sie, warum sie

Jasper anderen Schreibtools vorzieht. Am dritten Tag zeigte sie einen häufigen Fehler bei der Nutzung von Pictory. Am vierten Tag bot sie einen Bonus an: Wer sich über ihren ElevenLabs-Link anmeldete, erhielt drei arabische Voiceover-Vorlagen. Am fünften Tag lud sie die Leser ein, Fragen zu stellen. Jede E-Mail enthielt ihre Affiliate-Links – nicht als aggressive Werbung, sondern als natürlicher Teil der Anleitung.

Die Ergebnisse überraschten sie selbst. Ihre Opt-in-Rate lag bei 48 Prozent, was bedeutete, dass fast die Hälfte der Besucher ihrer Landingpage sich für den Guide anmeldete. Etwa 20 Prozent dieser Personen klickten auf einen ihrer Affiliate-Links. Jede Woche sah sie, wie ihre Provisionen stiegen, selbst wenn sie keine neuen Videos veröffentlichte.

Fatima erkannte, dass der Funnel der entscheidende Unterschied war. Früher hatte sie einfach Affiliate-Links eingefügt und gehofft, dass jemand klickt. Jetzt führte sie Menschen Schritt für Schritt vom Problem zur Lösung. Ihr Content zog sie an, ihr Guide half ihnen, ihre E-Mails gaben zusätzliche Sicherheit und ihre Boni gaben den letzten Anstoß. Sie war nicht mehr nur Content-Creatorin – sie war Systementwicklerin.

Mit der Zeit verbesserte sie ihren Funnel weiter. Sie fügte Erfahrungsberichte von Nutzern hinzu, testete verschiedene Überschriften für ihre Landingpage und übersetzte ihren Funnel sogar ins Französische und Urdu, um neue Zielgruppen zu erreichen. Mit jeder kleinen Änderung verbesserten sich ihre Ergebnisse. Doch die Struktur blieb gleich: zuerst Mehrwert liefern, dann Vertrauen aufbauen und schließlich zur Handlung einladen.

Am Ende des sechsten Monats verdiente Fatima über 1.000 Dollar pro Monat mit Affiliate-Tools – vollständig automatisiert durch den Funnel, den sie einmal erstellt und gelegentlich aktualisiert hatte. Aus einem kleinen Projekt wurde eine verlässliche Einkommensquelle. Und das Beste daran war, dass sich ihre Zuschauer nie wie Käufer fühlten. Sie fühlten sich unterstützt, geführt und gestärkt.

Fatima denkt oft darüber nach, wie einfach alles eigentlich war: ein hilfreiches Video, ein wertvoller Lead-Magnet und einige kurze E-Mails. Die Stärke lag nicht in der Technik, sondern in der Klarheit. Sie versuchte nicht, jemanden zu täuschen oder mit Clickbait zu locken. Sie zeigte einfach einen Weg, der funktionierte. Und genau das machte den Unterschied.

Sie sieht sich immer noch nicht als Verkäuferin. Aber wenn Menschen sie heute fragen, was sie beruflich macht, lächelt sie und sagt: „Ich zeige Menschen, wie man KI-Tools nutzt. Und wenn sie ihnen gefallen, werde ich dafür bezahlt.“ Das ist ein Funnel – und ein Leben – das funktioniert.

Kapitel 5: Inhalte erstellen, die Käufer anziehen

Affiliate-Marketing funktioniert nicht ohne Inhalte. Und zwar nicht irgendwelche Inhalte – sondern Inhalte, die Käufer anziehen und nicht nur neugierige Besucher. Wenn Sie ernsthaft wiederkehrende Provisionen verdienen möchten, müssen Sie Content erstellen, der Vertrauen aufbaut, den Nutzen eines Tools zeigt und Menschen zu einer Handlung bewegt. In diesem Kapitel lernen Sie, wie Sie Inhalte erstellen, die konvertieren, selbst wenn Sie kein professioneller Marketer oder Videoeditor sind.

Das Wichtigste zuerst: Ihr Content ist Ihr Verkäufer – nur dass er im Gegensatz zu einem aufdringlichen Verkäufer rund um die Uhr arbeitet, ohne jemanden zu nerven. Der richtige Blogartikel, ein hilfreiches Video oder eine gut geschriebene E-Mail kann Menschen informieren, überzeugen und zum Kauf führen, ohne dass Sie persönlich anwesend sein müssen. Die Frage lautet also nicht: „Sollte ich Content erstellen?“ sondern: „Welche Art von Content funktioniert am besten für Affiliate-Verkäufe?“

Es gibt fünf zentrale Content-Typen, die für Affiliate-Marketer besonders gut funktionieren: Tutorials und Schritt-für-Schritt-Anleitungen, Produktvergleiche,

Fallstudien und Ergebnisberichte, Listenartikel sowie Einblicke hinter die Kulissen oder Workflow-Erklärungen. Jeder dieser Content-Typen bietet einen eigenen Mehrwert, aber alle verfolgen dasselbe Ziel: Menschen vom Zustand der Neugier zur konkreten Entscheidung zu führen.

Tutorials gehören zu den effektivsten Formen von Content für KI-Tools, weil sie zeigen, wie die Software tatsächlich genutzt wird. Ein Video mit dem Titel „Wie man mit Pictory einen Blogartikel in ein Video verwandelt" demonstriert einen echten Anwendungsfall, liefert sofortigen Mehrwert und bietet einen natürlichen Moment, um Ihren Affiliate-Link einzubauen. Menschen melden sich viel eher an, wenn sie sehen, wie ein Tool ein reales Problem löst.

Vergleichsinhalte sind in einem überfüllten Markt ebenfalls sehr wichtig. Beispiele wären „Jasper vs. Copy.ai" oder „Pictory vs. InVideo". Solche Inhalte richten sich an Nutzer mit hoher Kaufabsicht, weil sie bereits kurz vor der Entscheidung stehen und nur noch Hilfe beim Vergleich benötigen. Vergleichsartikel geben Ihnen die Möglichkeit, Ihren Affiliate-Link als vertrauenswürdige Empfehlung zu platzieren. Wichtig ist dabei Ehrlichkeit: Zeigen Sie Vor- und Nachteile und lassen Sie den Leser oder Zuschauer spüren, dass Sie helfen möchten – nicht nur verkaufen.

Fallstudien sind besonders überzeugend. Wenn Sie ein Tool genutzt haben, um ein konkretes Ergebnis zu erzielen, dokumentieren Sie diesen Prozess. Beispiele könnten sein: „Wie ich mit Jasper AI fünf Blogartikel an einem Tag geschrieben habe“ oder „Wie ich mit einem KI-Tool 500 Dollar an Provisionen verdient habe“. Verwenden Sie Screenshots, Zeitvergleiche und praktische Erkenntnisse. Solche realen Beispiele machen die Software greifbar und steigern die Wahrscheinlichkeit, dass Menschen sich anmelden.

Listenartikel sind vielseitig und sehr gut teilbar. Beiträge wie „7 KI-Tools, die jeder Kleinunternehmer kennen sollte“ oder „5 kostenlose KI-Tools für mehr Produktivität“ erlauben es Ihnen, mehrere Affiliate-Links in einem einzigen Artikel zu platzieren. Diese Inhalte funktionieren besonders gut auf Blogs, YouTube und Plattformen wie Pinterest, LinkedIn oder Twitter, wo Menschen aktiv nach Lösungen suchen.

Inhalte hinter den Kulissen werden ebenfalls immer beliebter, besonders auf Plattformen wie Instagram Reels, TikTok oder YouTube Shorts. Dabei handelt es sich um kurze Videos, in denen Sie Ihren eigenen Workflow zeigen. Zum Beispiel: „Schau zu, wie ich mit KI aus einer Sprachnotiz einen Podcast mache“ oder „Mein 0-Dollar-KI-Content-Workflow“. Wichtig ist Transparenz. Zeigen Sie Ihren Bildschirm, erklären Sie den Prozess und lassen Sie die Zuschauer das Gefühl haben, Ihnen über die Schulter zu schauen. Solche Videos führen oft zu Kommentaren oder Direktnachrichten wie „Welches Tool war das?“ – und genau dann können Sie Ihren Affiliate-Link teilen.

Nun stellt sich die Frage: Auf welchen Plattformen sollten Sie diesen Content veröffentlichen? Besonders gut funktionieren Plattformen mit Suchabsicht wie YouTube, Google über Blogartikel und Pinterest. Auf diesen Plattformen suchen Menschen aktiv nach Lösungen. Ein guter Artikel oder ein hilfreiches Video kann dort über Monate oder sogar Jahre hinweg Aufrufe und Klicks generieren. Gleichzeitig sind schnelllebige Plattformen wie TikTok, Instagram Reels oder Twitter hervorragend geeignet, um Aufmerksamkeit und Reichweite aufzubauen. Idealerweise kombinieren Sie beide Ansätze: Kurzform-Inhalte für Aufmerksamkeit und Langform-Inhalte für Konversion.

Um schneller Ergebnisse zu erzielen, können Sie bestimmte Content-Strukturen verwenden. Eine bekannte Struktur ist „Vorher – Nachher – Brücke“. Dabei zeigen Sie zuerst das Problem, dann die Lösung und schließlich den Weg dorthin. Eine andere Methode ist „Problem – Verstärken – Lösung“, bei der Sie zunächst ein Problem beschreiben, die Auswirkungen verdeutlichen und anschließend das Tool als Lösung präsentieren. Auch Schritt-für-Schritt-Anleitungen funktionieren hervorragend, weil sie klar und leicht nachvollziehbar sind.

Sie müssen dabei nicht perfekt sein. Die erfolgreichsten Affiliate-Content-Creator haben mit einfachen Mikrofonen, Smartphone-Kameras und simplen Bloglayouts begonnen. Entscheidend waren Klarheit, Beständigkeit und Authentizität. Ihre Zielgruppe möchte Ihnen vertrauen – sie erwartet kein perfektes Studio. Konzentrieren Sie sich darauf, hilfreiche Informationen zu liefern, Ergebnisse zu zeigen und Dinge verständlich zu erklären.

Verwenden Sie klare Handlungsaufforderungen in Ihren Inhalten. In Videos können Sie zum Beispiel sagen: „Ich habe einen Link in der Beschreibung eingefügt, mit dem Sie das Tool kostenlos testen können." Oder: „Wenn Sie ähnliche Ergebnisse erzielen möchten, melden Sie sich über meinen Link unten an." Oder: „Ich habe außerdem einen kostenlosen Guide hinzugefügt, mit dem Sie Schritt für Schritt mitmachen können." In Blogartikeln oder E-Mails sollten Sie Ihren Affiliate-Link mehrmals platzieren – am Anfang, in der Mitte und am Ende des Inhalts. Buttons, hervorgehobene Links oder visuelle Elemente helfen dabei, Aufmerksamkeit zu erzeugen.

Beständigkeit ist entscheidend. Erwarten Sie nicht, dass ein einzelnes Video oder ein Blogartikel Ihr Leben verändert. Aber zehn hilfreiche Videos, zwanzig Blogartikel oder dreißig optimierte Beiträge bilden ein System. Mit der Zeit wird dieser Content zu digitalem Vermögen – er arbeitet im Hintergrund und generiert Provisionen, während Sie bereits an neuen Projekten arbeiten.

Denken Sie daran: Käufer möchten nicht verkauft bekommen – sie möchten geführt werden. Ihr Content ist die Brücke zwischen ihrem Problem und Ihrer Lösung. Wenn Sie Inhalte erstellen, die Vertrauen aufbauen und echte Probleme lösen, folgen Klicks und Provisionen ganz automatisch.

Im nächsten Kapitel werden wir uns mit plattformspezifischen Strategien für YouTube, Instagram und SEO beschäftigen, damit Ihre Affiliate-Inhalte noch mehr Menschen erreichen.

Vor sechs Monaten kannte niemand Theo. Er war ein ruhiger, detailorientierter Student auf den Philippinen, der seine Freizeit damit verbrachte, neue Tools zu testen und KI-Software aus Neugier auszuprobieren. Er hatte keine große Social-Media-Präsenz und noch nie ein YouTube-Video erstellt. Doch eines Tages sah er einen Content-Creator, der sein Affiliate-Einkommen anhand eines einfachen Blogartikels erklärte, in dem fünf KI-Tools vorgestellt wurden. Theo konnte nicht aufhören, darüber nachzudenken. Der Creator war weder besonders auffällig noch berühmt, aber er verdiente ein stabiles Einkommen, indem er Menschen Software erklärte, die Theo selbst täglich nutzte. Das war der Wendepunkt.

Theo begann damit, einen einfachen Blog auf Medium zu erstellen. Er kümmerte sich nicht um das Design, sondern konzentrierte sich ausschließlich auf den Inhalt. Sein erster Artikel trug den Titel „5 KI-Tools, die mir geholfen haben, mein Semester zu überstehen". Es war kein Clickbait – es war ehrlich. Er schrieb darüber, wie er Jasper nutzte, um Essays zu entwerfen, Pictory, um Forschungsinhalte in Videos umzuwandeln, und ElevenLabs, um seine Notizen in Audio zu verwandeln, damit er sie während des Pendelns anhören konnte. Danach fügte er seine Affiliate-Links hinzu und veröffentlichte den Artikel.

In der ersten Woche erhielt er 17 Aufrufe. Nichts Besonderes. Doch eine Person klickte auf seinen Link und meldete sich für eine kostenlose Testversion an. Kurz darauf eine zweite. Theo machte weiter. Sein zweiter Artikel war ein Tutorial mit dem Titel „Wie ich mit Jasper AI in weniger als 30 Minuten einen 2.000-Wörter-Essay geschrieben habe". Dieses Mal fügte er Screenshots hinzu und erklärte den Prozess Schritt für Schritt. Anschließend teilte er den Artikel in einer Facebook-Gruppe für Studenten. Der Beitrag wurde 32 Mal geteilt. Seine ersten Provisionen begannen langsam zu kommen – 9 Dollar hier, 18 Dollar dort.

Motiviert begann Theo, Videos auszuprobieren. Er nahm seinen Bildschirm auf und erklärte die gleichen Schritte aus seinem Blog, diesmal auf YouTube. Keine Kamera, keine aufwendige Bearbeitung – nur klare Anweisungen. In der Videobeschreibung platzierte er seine Affiliate-Links und fügte eine Handlungsaufforderung hinzu: „Wenn du Jasper ausprobieren möchtest, findest du meinen Link unten." Das Video begann, über Suchbegriffe wie „Essay schreiben mit KI" oder „Jasper AI für Studenten" Aufrufe zu erhalten. Menschen sahen sich das Video an, klickten auf den Link und meldeten sich an.

Theo experimentierte weiter. Er veröffentlichte Listenartikel wie „Top 3 KI-Tools für vielbeschäftigte Studenten" – und diese Inhalte funktionierten besonders gut. Er erkannte schnell, dass Studenten schnelle Lösungen wollten. Sie wollten keine langen Vorträge, sondern praktische Ergebnisse. Deshalb erstellte er mehr Inhalte über konkrete Anwendungsfälle: Lernen, Zusammenfassen, Karteikarten erstellen und Präsentationen vorbereiten. Jeder Inhalt hatte ein klares Problem, ein Tool als Lösung und einen passenden Affiliate-Link.

Sein kleiner YouTube-Kanal wuchs auf 500 Abonnenten. Sein Blog erreichte etwa 1.000 Aufrufe pro Woche. Schließlich erstellte er ein kostenloses Download-Angebot mit dem Titel

„AI Toolkit für Studenten“ und begann, eine E-Mail-Liste aufzubauen. Jeder neue Abonnent erhielt eine Reihe hilfreicher E-Mails mit Tutorials, Fallstudien und seinen Affiliate-Links. Aus einem kleinen Experiment entstand ein ganzes digitales System, das ihm jede Woche Einnahmen brachte.

Doch was Theos Inhalte besonders erfolgreich machte, war nicht nur die Struktur – sondern sein Ton. Er klang nie wie jemand, der etwas verkaufen wollte. Er klang wie ein hilfreicher Freund, der eine Lösung gefunden hatte und sie teilen wollte. In den Kommentaren bedankten sich die Zuschauer: „Das hat mir Stunden gespart, danke!“ oder „Gerade über deinen Link angemeldet!“ Theo war nicht berühmt, aber er war vertrauenswürdig – und dieses Vertrauen konvertierte besser als jedes Verkaufsskript.

Heute verdient Theo zwischen 700 und 900 Dollar pro Monat an Affiliate-Provisionen – ausschließlich durch Inhalte, die er mit kostenlosen Tools und seinen eigenen Erfahrungen erstellt hat. Einen Teil dieses Einkommens investiert er in bessere Mikrofone, neue Kurse und weitere KI-Tools, die er testen möchte. Sein neuestes Video zeigt, wie er KI-Stimmen nutzt, um seine Lernnotizen zu vertonen – eine Idee, die ihm beim Experimentieren mit Content eingefallen ist.

Theos Geschichte zeigt, dass man kein Marketingexperte oder Social-Media-Star sein muss, um Inhalte zu erstellen, die konvertieren. Man muss nur klar kommunizieren, Probleme lösen und den eigenen Prozess zeigen. Mit jedem neuen Beitrag, Video oder Guide bauen Sie etwas auf, das Ihnen auch lange nach der Veröffentlichung noch Einnahmen bringt.

Kapitel 6: Strategien für YouTube, Instagram und SEO

Sobald Sie wissen, was Sie bewerben möchten und wie Sie einen inhaltsbasierten Affiliate-Funnel aufbauen, besteht der nächste Schritt darin, die Verbreitung zu meistern. Es reicht nicht aus, großartige Inhalte zu erstellen – die Menschen müssen sie auch finden. Genau hier kommen YouTube, Instagram und SEO ins Spiel. Diese Plattformen gehören zu den effektivsten Methoden, um konstanten, hochkonvertierenden Traffic auf Ihre Affiliate-Links zu lenken. Jede Plattform hat ihre eigenen Stärken, und dieses Kapitel zeigt Ihnen, wie Sie alle drei nutzen können, um Ihre Reichweite, Autorität und Einnahmen zu skalieren.

Beginnen wir mit YouTube – der weltweit größten Suchmaschine für Videoinhalte. YouTube ist ideal für Affiliates, die KI-Tools bewerben, weil Menschen die Plattform gezielt nutzen, um zu lernen, wie Software funktioniert. Das bedeutet, dass die Nutzer bereits eine hohe Kaufabsicht haben. Tutorials, Schritt-für-Schritt-Anleitungen, Reviews und Vergleiche funktionieren hier besonders gut. Ein gut optimiertes YouTube-Video kann über Jahre hinweg Traffic und Provisionen generieren. Beginnen Sie damit, Keywords zu identifizieren, nach denen Ihre Zielgruppe bereits sucht, zum

Beispiel „Bestes KI-Schreibtool", „Wie man ElevenLabs benutzt" oder „Pictory vs InVideo". Kostenlose Tools wie TubeBuddy oder VidIQ können Ihnen helfen, passende Titel, Tags und Themen zu recherchieren.

Wenn Sie Ihr Video erstellen, halten Sie es einfach. Nutzen Sie Bildschirmaufnahme-Software wie Loom, OBS oder ScreenPal, um Ihren Prozess zu zeigen. Kommentieren Sie dabei, was Sie tun. Ihr Gesicht einzublenden ist optional und nur notwendig, wenn Sie sich damit wohlfühlen. Konzentrieren Sie sich darauf, schnell Mehrwert zu liefern. Idealerweise enthält Ihr Video ein Problem, eine Lösung mit Hilfe des KI-Tools und eine klare Handlungsaufforderung wie: „Probieren Sie dieses Tool über den Link in der Beschreibung aus." Wiederholen Sie diesen Aufruf mindestens zweimal – einmal zu Beginn und einmal gegen Ende des Videos. In der Videobeschreibung sollten Sie Ihren Affiliate-Link mit Kontext einfügen, zum Beispiel: „Hier können Sie eine kostenlose Testversion von [Tool-Name] starten."

Für noch mehr Wirkung können Sie einen angehefteten Kommentar mit Ihrem Affiliate-Link und einer kurzen Zusammenfassung des Tutorials hinzufügen. Auch Zeitstempel in der Beschreibung helfen, die Wiedergabezeit zu erhöhen. Vergessen Sie außerdem nicht, das Thumbnail zu optimieren. Es sollte klar zeigen, worum es im Video geht und welchen

Vorteil der Zuschauer erhält, zum Beispiel „YouTube Shorts in 2 Minuten mit KI erstellen". Sie benötigen kein großes Publikum. Ein einzelnes Video mit 1.000 Aufrufen und einer Konversionsrate von nur zwei Prozent kann bereits Dutzende von Anmeldungen generieren.

Kommen wir nun zu Instagram. Diese Plattform eignet sich hervorragend, um Menschen visuell und emotional zu erreichen. Während YouTube ideal für längere Lerninhalte ist, überzeugt Instagram besonders mit kurzen, wirkungsvollen Formaten wie Reels und Karussells. Ihr Ziel auf Instagram ist es, Neugier zu wecken und Menschen zu einer Handlung zu bewegen. Eine gute Instagram-Affiliate-Strategie besteht aus drei Arten von Inhalten: Mikro-Tutorials, Einblicke hinter die Kulissen und persönliche Ergebnisse. Ein Reel mit dem Titel „Mein KI-Content-Workflow in 20 Sekunden" kann zum Beispiel sehr viele Aufrufe erzielen. Am Ende können Sie Text einblenden wie: „Link in der Bio, um diese Tools zu bekommen."

Karussell-Posts eignen sich hervorragend, um Vergleiche oder Listen zu erklären, zum Beispiel „Top 5 KI-Tools für kleine Unternehmen" oder „3 KI-Tools, die ich täglich nutze". Platzieren Sie Ihren Affiliate-Link in Ihrer Bio mithilfe von Tools wie Linktree, Solo.to oder Stan Store. Variieren Sie Ihre Handlungsaufforderungen in Stories und Bildunterschriften und zeigen Sie immer konkrete Beispiele statt nur darüber zu sprechen. Menschen wollen sehen, wie das Tool tatsächlich funktioniert. Zeigen Sie Ihren Bildschirm, nehmen Sie kurze Demonstrationen auf und nutzen Sie Storytelling-Texte, die mit einem Problem beginnen und damit enden, wie das Tool Ihnen geholfen hat.

Beständigkeit zahlt sich auf Instagram aus. Verwenden Sie relevante Hashtags wie #AITools, #ContentAutomation, #DigitalIncome oder #AIAffiliate. Antworten Sie auf Kommentare und Direktnachrichten mit hilfreichen Tipps und Links. Je mehr Menschen mit Ihren Inhalten interagieren, desto stärker wird der Instagram-Algorithmus Ihre Beiträge ähnlichen Nutzern anzeigen. Und wenn Ihr Link rund um die Uhr in Ihrer Bio verfügbar ist, kann jeder Beitrag zu einer potenziellen Einnahmequelle werden.

Nun kommen wir zum langfristigen Ansatz: Suchmaschinenoptimierung, kurz SEO. Blogs und Websites, die für Google-Suchanfragen optimiert sind, sind im Grunde digitales Immobilienvermögen. Sie arbeiten im Hintergrund und ziehen Besucher an, die aktiv nach Lösungen suchen. Das führt zu höheren Konversionsraten und stabileren Einnahmen. Um mit SEO erfolgreich zu sein, wählen Sie Keywords mit hoher Kaufabsicht wie „bester KI-Sprachgenerator", „Jasper AI Review" oder „Pictory Tutorial". Kostenlose Tools wie

Ubersuggest, Google Trends oder AnswerThePublic helfen Ihnen dabei herauszufinden, welche Fragen Menschen stellen.

Ihr Blogartikel sollte eine überzeugende Überschrift, eine Einleitung mit starkem Einstieg und eine klare Erklärung des Problems enthalten. Anschließend zeigen Sie die Lösung – Ihr empfohlenes Tool – und erklären Schritt für Schritt, wie man es nutzt. Platzieren Sie Ihren Affiliate-Link natürlich im Text und am Ende mit einer deutlichen Handlungsaufforderung. Bilder oder Screenshots erhöhen das Engagement und sorgen dafür, dass Leser länger auf der Seite bleiben. Sie können Ihren Blog mit WordPress, Medium oder sogar mit Notion und einer eigenen Domain erstellen. Konzentrieren Sie sich darauf, ein bis zwei gut optimierte Artikel pro Woche zu veröffentlichen und diese im Laufe der Zeit zu aktualisieren.

Um Ihre SEO-Ergebnisse zu verstärken, können Sie Ihre Beiträge miteinander verlinken, zum Beispiel mit Hinweisen wie „Hier finden Sie mein vollständiges ElevenLabs-Tutorial“. Außerdem sollten Sie Ihre Website in der Google Search Console einreichen, damit Ihre Seiten schneller indexiert werden. Sammelartikel wie „Top 10 KI-Tools im Jahr 2025“ sind ebenfalls sehr effektiv, weil Sie darin mehrere Affiliate-Links gleichzeitig platzieren können. Das Besondere an SEO ist der sogenannte Zinseszinseffekt: Ein Blogartikel, den Sie heute schreiben, kann noch Jahre später Einkommen generieren – ohne zusätzlichen Aufwand.

Wenn Sie noch einen Schritt weiter gehen möchten, kombinieren Sie alle drei Strategien: YouTube für dauerhafte Videoinhalte, Instagram für tägliche Interaktion und SEO für langfristigen passiven Traffic. Ein Zuschauer könnte Ihr Instagram-Reel sehen, auf den Link in Ihrer Bio klicken, auf Ihrem Blog landen und anschließend ein YouTube-Tutorial ansehen, bevor er das Tool kauft – alles an einem einzigen Tag. Je mehr Kontaktpunkte Sie schaffen, desto stärker wachsen Vertrauen und Konversionsrate.

Zusammengefasst: Nutzen Sie YouTube für Tutorials, Anleitungen, Reviews und Vergleiche. Verwenden Sie Instagram für kurze Reels, Karussells, Einblicke hinter die Kulissen und Interaktion mit Ihrer Community. Nutzen Sie SEO und Blogs für ausführliche Inhalte, Vertrauensaufbau und langfristigen Suchtraffic. Optimieren Sie alles mit klaren Handlungsaufforderungen, echtem Mehrwert und Ihren Affiliate-Links. Beständigkeit und Klarheit führen zu sich verstärkenden Ergebnissen.

Im nächsten Kapitel werden wir uns mit E-Mail-Marketing beschäftigen und zeigen, wie Sie Follow-ups automatisieren, Vertrauen im großen Maßstab aufbauen und Ihre

Affiliate-Verkäufe steigern können – sogar während Sie schlafen.

Maya hätte sich nie vorgestellt, einmal Influencerin zu werden – geschweige denn jemand, der mit Affiliate-Provisionen für Tech-Tools Geld verdient. Sie war eine freiberufliche Texterin aus Nairobi, die zwei Dinge liebte: Schreiben und komplizierte Themen verständlich zu erklären. Als KI-Tools wie Jasper und Copy.ai immer populärer wurden, gehörte sie zu den ersten in ihrem Umfeld, die sie ausprobierten. Nicht, weil sie etwas verkaufen wollte, sondern weil sie einfach schneller schreiben wollte. Aus dieser Neugier wurde ein Geschäft, als sie erkannte, dass Menschen nicht nur Tools wollten – sie wollten jemanden, der ihnen erklärt, wie man sie benutzt.

Sie begann mit YouTube. Nicht mit perfekt produzierten Videos, sondern mit einfachen, hilfreichen Aufnahmen ihres Bildschirms und einem USB-Mikrofon. Ihr erstes Video trug den Titel „Wie ich Kunden-E-Mails in 5 Minuten mit Jasper schreibe“. Sie zeigte ihren gesamten Prozess: einen Prompt schreiben, das Ergebnis generieren und es live bearbeiten. Die Tonqualität war nicht perfekt, und ihre Präsentation war locker. Aber der Inhalt war wertvoll. Sie fügte ihren Affiliate-Link in die Beschreibung ein und sagte: „Probiert es aus – ich habe den Link unten eingefügt.“ Das Video bekam im ersten Monat nur 237 Aufrufe. Doch drei dieser Zuschauer meldeten sich über ihren Link an – und blieben.

Danach wandte sie sich Instagram zu. Sie wollte keine Tanzvideos für Reels machen. Stattdessen produzierte sie schnelle Mikro-Tutorials – 15-sekündige Bildschirmaufnahmen mit Texten wie „KI-Tool, das Blogs in YouTube-Videos verwandelt". Diese Videos waren leicht zu erstellen und wurden von anderen Freelancern geteilt. Einer ihrer Karussell-Posts mit dem Titel „Top 5 KI-Tools für Autoren" wurde über 1.000 Mal gespeichert. Bald erhielt sie Direktnachrichten mit der Frage: „Welches empfiehlst du?" Sie antwortete individuell und verwies auf den Link in ihrer Bio. Es war nicht spektakulär, aber es funktionierte. Die Menschen vertrauten ihr, weil sie wie eine Kollegin antwortete – nicht wie eine Verkäuferin.

Die größte Überraschung kam jedoch von ihrem Blog. Sie hatte bereits gelegentlich auf Medium über Freelancer-Tipps geschrieben. Eines Tages veröffentlichte sie einen Artikel mit dem Titel „Wie ich diesen Monat 20 Stunden mit KI-Tools gespart habe". Der Artikel war nicht für Suchmaschinen optimiert, aber er wurde über Shares verbreitet. Sie listete jedes Tool auf, das sie verwendete, schrieb eine kurze Bewertung und fügte ihren Affiliate-Link hinzu. Zu ihrer Überraschung brachte ihr dieser eine Beitrag innerhalb von 30

Tagen 216 Dollar an Provisionen ein. Da erkannte sie den langfristigen Wert von SEO. Der Artikel generierte weiterhin Klicks, selbst während sie an Kundenprojekten arbeitete.

Daraufhin baute sie mit WordPress einen einfachen Blog auf und begann, jede Woche einen SEO-optimierten Artikel zu veröffentlichen. Sie konzentrierte sich auf Vergleichsartikel wie „Jasper vs Copy.ai für Freelancer" und Übersichtsbeiträge wie „Top KI-Tools für Solopreneure im Jahr 2025". Sie fügte Screenshots hinzu, verwendete keywordreiche Überschriften und platzierte ihre Affiliate-Links natürlich im Text. Ihr Traffic war zwar klein, aber sehr gezielt. Die Besucher kamen mit einer klaren Absicht – und sie konvertierten.

Was Maya besonders machte, war nicht die Menge ihrer Inhalte, sondern ihre Beständigkeit. Jede Woche veröffentlichte sie ein neues Reel, einen neuen Blogartikel und ein neues YouTube-Video. Manche Inhalte funktionierten nicht. Andere wuchsen langsam. Doch mit der Zeit verstärkte sich alles gegenseitig. Ihr Linktree erhielt Hunderte Klicks pro Woche. Ihr Blog erschien auf der ersten Seite von Google für zwei wichtige Suchbegriffe. Ihre YouTube-Videos hatten ein kleines, aber loyales Publikum.

Nach acht Monaten verdiente Maya mehr mit Affiliate-Provisionen als mit ihren Freelance-Aufträgen – und das alles durch die Kombination aus YouTube-Suchtraffic, Instagram-Reichweite und langfristigem SEO-Traffic. Sie schaltete niemals Werbung. Alles basierte auf Inhalten, Bildung und darauf, ihrer Zielgruppe immer ein paar Schritte voraus zu sein.

Heute zeigt Maya anderen, wie sie dasselbe erreichen können. Sie hilft Creatorn und Solopreneuren dabei, vertrauensbasierte Content-Systeme aufzubauen – nicht um Influencer zu werden, sondern um zur Lösung für ihr Publikum zu werden. Ihre Formel ist einfach: lehren, zeigen, teilen, wiederholen. Und wenn ein Tool ein echtes Problem löst, fügen Sie Ihren Link hinzu. So entsteht Vertrauen – und so wachsen Provisionen.

Kapitel 7: Provisionen mit E-Mail-Marketing automatisieren

Wenn Inhalte der Motor sind, der Affiliate-Einnahmen antreibt, dann ist E-Mail-Marketing der Treibstoff, der diesen Motor lange nach der Veröffentlichung Ihrer Inhalte weiterlaufen lässt. E-Mail ist nicht nur für Newsletter gedacht – sie ist eines der wirkungsvollsten Werkzeuge, um Klicks in Conversions zu verwandeln und einmalige Besucher zu wiederkehrenden Käufern zu machen. Mit einer gut strukturierten E-Mail-Sequenz können Sie Bildung automatisieren, Vertrauen aufbauen und mehrere KI-Tools bewerben – sogar während Sie schlafen.

Die Stärke von E-Mail-Marketing liegt im Besitz. Social-Media-Plattformen können ihre Algorithmen ändern, Konten sperren oder Ihre Reichweite jederzeit einschränken. Ihre E-Mail-Liste hingegen gehört Ihnen. Sobald jemand Ihnen seine E-Mail-Adresse gibt, haben Sie eine direkte Kommunikationslinie, die Ihnen keine Plattform wegnehmen kann. Deshalb verschafft Ihnen der frühzeitige Aufbau Ihrer Liste – selbst wenn sie klein ist – einen enormen Vorteil. Jeder E-Mail-Abonnent ist eine potenzielle Provision, ein mögliches Testimonial oder ein langfristiger Kunde.

Wie fangen Sie also an? Zuerst brauchen Sie einen sogenannten Lead-Magneten – ein kostenloses Stück Inhalt, das ein konkretes Problem löst und den Menschen einen Grund gibt, sich in Ihre Liste einzutragen. Für KI-Tools eignen sich Lead-Magneten wie Checklisten („Die 5 besten KI-Tools für Kursersteller"), Mini-Kurse („Lerne KI-Content-Automatisierung in 3 Tagen") oder Workflow-Guides („Meine tägliche KI-Routine für passives Einkommen"). Erstellen Sie Ihren Lead-Magneten einmal und richten Sie anschließend eine Landingpage mit einem Tool wie Systeme.io, ConvertKit, Carrd oder MailerLite ein. Fügen Sie den Opt-in-Link in Ihre YouTube-Beschreibungen, Ihre Instagram-Bio, Ihre Blogartikel und überall dort ein, wo Sie Traffic generieren.

Sobald sich jemand anmeldet, sollte automatisch eine Willkommenssequenz gestartet werden. Dabei handelt es sich um eine Serie von drei bis sieben E-Mails, die den Lead-Magneten ausliefert, Sie vorstellt und dem Leser erklärt, wie er die von Ihnen empfohlenen Tools nutzen kann. Eine einfache Struktur könnte so aussehen:

E-Mail 1: Lieferung + Dankeschön. „Hier ist dein kostenloser Guide! In den nächsten Tagen zeige ich dir, wie du diese Tools nutzen kannst, um Zeit zu sparen und dein Business zu wachsen."

E-Mail 2: Tool-Deep-Dive. Erklären Sie Ihr Lieblings-Tool und wie Sie es täglich nutzen. Fügen Sie Screenshots, Beispiele und Ihren Affiliate-Link hinzu.
E-Mail 3: Erfolgsgeschichte. Teilen Sie eine persönliche Story oder ein Testimonial von einem Freund oder Follower. Erwähnen Sie wieder das Tool, das verwendet wurde.
E-Mail 4: Vergleich oder Bonus. Vergleichen Sie zwei Tools oder bieten Sie einen Bonus an, zum Beispiel eine kostenlose Vorlage für alle, die sich über Ihren Link anmelden.
E-Mail 5: Handlungsaufforderung + Erinnerung. Fassen Sie die Tools zusammen, wiederholen Sie ihre Vorteile und ermutigen Sie den Leser, jetzt zu handeln.

Jede E-Mail sollte persönlich, hilfreich und dialogorientiert wirken. Vermeiden Sie einen aggressiven Verkaufston. Ihre Botschaft sollte eher lauten: „Das hat für mich funktioniert, vielleicht funktioniert es auch für dich.“ Verwenden Sie kurze Absätze, heben Sie wichtige Aussagen fett hervor und konzentrieren Sie sich pro E-Mail auf eine klare Handlungsaufforderung. Ihre Affiliate-Links sollten sichtbar, aber natürlich eingebettet sein – zum Beispiel über Buttons oder über verlinkte Texte wie „Hier kostenlose Testversion starten“.

Um die Leistung Ihrer E-Mails weiter zu verbessern, können Sie Ihre Zielgruppe nach Interessen segmentieren. Wenn sich jemand über Ihren Guide „KI für Content-Creator" anmeldet, sollten Sie ihm keine E-Mails über KI-Tools für Immobilienmakler schicken. Relevante Inhalte fühlen sich persönlicher an und erzielen höhere Klick- und Konversionsraten. Die meisten E-Mail-Tools ermöglichen es Ihnen, Abonnenten nach Quelle oder Interesse zu markieren.

Nutzen Sie Ihre E-Mail-Liste nicht nur für Automationen, sondern auch für regelmäßige Updates. Ein kurzer wöchentlicher Newsletter kann zum Beispiel Inhalte wie „Tool der Woche", „Neue KI-Tipps" oder „Behind the Scenes: Wie ich heute KI nutze" enthalten. So bleibt Ihre Liste aktiv und bereit, wenn Sie neue Tools oder Angebote vorstellen.

Wenn Sie mehrere Tools bewerben möchten, ohne Ihre Leser zu überfordern, können Sie sogenannte Mikro-Sequenzen erstellen. Wenn jemand beispielsweise auf Ihren Link klickt, um mehr über Pictory zu erfahren, können Sie ihn markieren und eine dreitägige E-Mail-Serie starten, in der Sie zeigen, wie Sie dieses Tool zur automatischen Videoerstellung nutzen. Wenn diese Person nicht konvertiert, können Sie später eine weitere E-Mail senden wie: „Warum ich zu [alternatives Tool] gewechselt bin." Auf diese Weise bleiben Ihre Inhalte relevant und dynamisch.

Um Ihren Erfolg zu messen, sollten Sie einige wichtige Kennzahlen verfolgen:
Öffnungsrate (Ziel: etwa 30–50 Prozent)
Klickrate (Ziel: etwa 5–15 Prozent)
Konversionsrate (variiert, aber schon 2–3 Prozent sind sehr gut)
Abmelderate (unter 1 Prozent pro E-Mail)

Wenn Ihre Öffnungsraten niedrig sind, testen Sie verschiedene Betreffzeilen. Wenn Ihre Klickrate niedrig ist, überarbeiten Sie die Struktur Ihrer E-Mail und die Platzierung Ihrer Handlungsaufforderung. Wenn Ihre Konversionsrate niedrig ist, prüfen Sie Ihr Angebot oder die Landingpage des Tools, das Sie bewerben.

Denken Sie daran: E-Mail-Marketing besteht nicht nur aus Links – es geht um Führung. Ihre Abonnenten verlassen sich darauf, dass Sie ihnen helfen, bessere Entscheidungen zu treffen. Wenn Sie ihnen regelmäßig helfen, Zeit zu sparen, Geld zu verdienen oder etwas Neues zu lernen, werden sie Ihren Empfehlungen vertrauen und handeln.

E-Mail gibt Ihnen die Möglichkeit, Vertrauen im großen Maßstab aufzubauen. Eine einzige gute E-Mail kann Dutzende von Anmeldungen generieren. Eine solide Sequenz kann über Jahre hinweg funktionieren. Und das Beste daran ist: Sie müssen sie nur einmal erstellen – danach läuft sie automatisch, während Sie sich darauf konzentrieren, neuen Traffic zu generieren und weitere Inhalte zu erstellen.

Im nächsten Kapitel werden wir untersuchen, wie Sie KI-Tools als White-Label-Partner weiterverkaufen können – und Ihr Affiliate-Geschäft damit einen Schritt näher an ein echtes digitales Agenturmodell bringen.

Jonah hätte sich selbst nie als technikaffin beschrieben. Er war früher Besitzer eines Fitnessstudios in Atlanta und musste nach der Pandemie auf Online-Geschäftsmodelle umsteigen, nachdem sein Studio schließen musste. Ohne Kunden, ohne Einkommen und mit viel freier Zeit begann er, sich mit Affiliate-Marketing zu beschäftigen. Er sah Menschen, die Geld damit verdienten, Fitnessgeräte, Nahrungsergänzungsmittel und sogar Bücher zu empfehlen. Doch als er ein YouTube-Video mit dem Titel „Wiederkehrendes Einkommen verdienen durch das Bewerben von KI-Tools“ sah, machte es bei ihm Klick. Jonah war kein Technikexperte, aber er konnte Dinge einfach erklären. Das war seine Stärke – und plötzlich wurde sie zu seinem Vorteil.

Er begann auf Instagram und teilte einfache Tipps darüber, wie er Jasper nutzte, um Fitnesspläne zu schreiben, und wie er mit Pictory aus Artikeln kurze Trainingsvideos erstellen konnte. Seine Inhalte gewannen langsam Aufmerksamkeit. Menschen fragten nach Links. Jonah meldete sich bei Affiliate-Programmen an, fügte Links in seine Bio ein und begann, kleine Provisionen zu verdienen. Es funktionierte – aber es war unvorhersehbar. Manche Wochen brachte ihm 200 Dollar, andere nur 40 Dollar. Diese Unbeständigkeit störte ihn. Dann sagte jemand in einer Facebook-Gruppe zu ihm: „Du hast keinen Funnel. Du brauchst E-Mail."

Jonah hatte von E-Mail-Listen gehört, dachte aber immer, sie seien nur für Tech-Startups oder große Online-Shops relevant. Trotzdem probierte er es aus. Er erstellte ein Freebie mit dem Titel „5 KI-Tools, die mir geholfen haben, mein Business neu aufzubauen". Es war eine einfache einseitige PDF mit Tool-Namen, einer kurzen Beschreibung und Links zu seinen Affiliate-Anmeldungen. Mit Systeme.io baute er eine einfache Landingpage: „Hol dir mein KI-Playbook – kostenlos." Er fügte den Link in seine Bio ein und pinnte ihn unter jedes Video. Innerhalb einer Woche meldeten sich 43 Menschen an.

Er wusste zunächst nicht, was er ihnen schreiben sollte. Also verfasste er seine E-Mails so, wie er auch persönlich sprechen würde. Seine erste E-Mail war kurz: „Hey, hier ist Jonah. Danke, dass du dir das KI-Playbook geholt hast. Diese Tools haben mein Leben wirklich verändert. In den nächsten Tagen zeige ich dir, wie ich jedes einzelne nutze – angefangen mit meinem Favoriten: Jasper." Darunter setzte er einen großen blauen Button: „Jasper hier kostenlos ausprobieren."

Die nächsten E-Mails erzählten seine Geschichte. In einer erklärte er, wie Pictory ihm half, aus Blogartikeln einminütige Workout-Tipps für Social Media zu erstellen. In einer anderen berichtete er, wie er mit ChatGPT einen Lead-Magneten erstellt hatte. Er machte sich nicht zu viele Gedanken darüber – er sprach einfach wie mit einem Freund. Und etwas Erstaunliches geschah: Die Menschen öffneten seine E-Mails. Sie antworteten darauf. Und sie klickten.

Bereits in der zweiten Woche verdiente er 384 Dollar an Affiliate-Provisionen. Noch wichtiger war jedoch die Beständigkeit. Jeder neue Abonnent erhielt dieselben E-Mails. Jede E-Mail arbeitete wie ein kleiner Verkäufer, der erklärte, motivierte und verlinkte. Jonah verkaufte nicht mehr – er führte seine Leser.

Er begann, seine Liste weiter auszubauen. Er fügte ein Pop-up zu seinem Blog hinzu und bot einen Bonus an: „Melde dich über meinen Link an und ich sende dir meine Jasper-Prompt-Bibliothek." Die Anmeldungen verdreifachten sich. Er markierte Abonnenten je nach heruntergeladenem Freebie und sendete gezielte Follow-ups: schreibbezogene

Inhalte für Jasper-Interessenten und videoorientierte Inhalte für Pictory-Nutzer. Seine Konversionsrate stieg erneut.

Von da an fügte Jonah jedes Mal, wenn er Inhalte veröffentlichte – ein Reel, ein YouTube-Video oder einen Blogartikel – nicht nur einen Link hinzu, sondern auch einen Grund, seiner Liste beizutreten. Der E-Mail-Funnel erledigte den Rest. Seine „AI Automation Playbook"-Sequenz bestand aus sieben E-Mails, die jeweils Mehrwert lieferten und mit einer klaren Handlungsaufforderung endeten. Er aktualisierte die Links, wenn sich Angebote änderten, doch die Sequenz selbst lief wie ein Uhrwerk.

Im vierten Monat überschritt seine E-Mail-Liste 2.000 Abonnenten. Selbst wenn er eine Pause vom Posten machte, verdiente er weiterhin zwischen 600 und 1.200 Dollar pro Monat. In seinem besten Monat brachte eine einzige E-Mail über einen zeitlich begrenzten Jasper-Rabatt 1.007 Dollar innerhalb von 72 Stunden ein. Er hatte nichts Neues erstellt – er schrieb einfach eine ehrliche E-Mail an Menschen, die ihm vertrauten.

Jonah verwandelte unregelmäßige Provisionen in eine zuverlässige, halb passive Einkommensquelle, indem er eine einzige Sache tat: automatisiertes Vertrauen aufbauen. Seine E-Mails waren keine Verkaufsbotschaften, sondern

Geschichten, Ergebnisse und Tipps. Jede Nachricht verfolgte ein klares Ziel, und er beantwortete jede Antwort persönlich. Seine Community respektierte ihn dafür – und belohnte ihn mit Klicks und Loyalität.

E-Mail-Marketing automatisierte nicht nur Jonahs Provisionen. Es gab ihm auch ein Gefühl der Sicherheit. Jeder neue Abonnent war nicht nur eine Zahl, sondern eine Person, die eine Beziehung begann – eine Beziehung, die auf Mehrwert, Ehrlichkeit und der einfachen Idee basiert, dass das, was für Jonah funktioniert hat, vielleicht auch für sie funktionieren kann.

Kapitel 8: Wie man KI-Tools als White-Label-Partner weiterverkauft

Während Affiliate-Marketing eine leistungsstarke Möglichkeit ist, passives Einkommen zu verdienen, indem man bestehende KI-Tools bewirbt, gibt es eine Strategie auf der nächsten Stufe, die Ihnen mehr Kontrolle, mehr Branding und deutlich höhere Gewinne ermöglicht: White Labeling. Dieses Modell erlaubt es Ihnen, KI-Software unter Ihrer eigenen Marke weiterzuverkaufen – oft mit denselben Funktionen und derselben Backend-Technologie – jedoch unter Ihrem eigenen Namen, Logo und Preismodell. So wechseln Sie von der einfachen Empfehlung von Tools hin zum Besitz der Kundenbeziehung.

Doch was bedeutet White Labeling genau? Ein White-Label-Produkt wird von einem Unternehmen entwickelt und von einem anderen Unternehmen unter eigener Marke verkauft. Im Bereich der KI umfasst dies häufig Chatbots, Content-Generatoren, Lead-Generierungsplattformen oder automatisierte CRM-Systeme. Anstatt Software von Grund auf zu entwickeln, lizenzieren Sie die Kerntechnologie von einem Anbieter, versehen sie mit Ihrem eigenen Branding und verkaufen sie direkt an Kunden. Sie behalten die Differenz zwischen dem Preis, den Sie zahlen, und dem Preis, den Sie verlangen – und erzielen häufig wiederkehrende monatliche Einnahmen.

Der größte Vorteil von White Labeling liegt in der Gewinnmarge. Als Affiliate verdienen Sie möglicherweise 30 % an einem monatlichen Abonnement von 50 Dollar – also etwa 15 Dollar pro Nutzer und Monat. Mit einer White-Label-Version könnten Sie jedoch beispielsweise 49 Dollar pro Monat verlangen und je nach Reseller-Vereinbarung 39 bis 45 Dollar behalten. Im Laufe der Zeit schafft das ein deutlich höheres Einkommenspotenzial. Außerdem haben Sie die vollständige Kontrolle über das Kundenerlebnis, Upsells, Boni und sogar über Ihre Preisstruktur.

Um zu beginnen, müssen Sie ein KI-Tool oder eine Plattform finden, die ein White-Label- oder Reseller-Programm anbietet. Zu den beliebtesten Plattformen gehören beispielsweise GoHighLevel, eine All-in-One-Plattform für Marketingautomatisierung und CRM mit KI-Integrationen, die häufig von digitalen Agenturen genutzt wird. Chatbase ermöglicht es Ihnen, eigene KI-Chatbots zu erstellen, die mit individuellen Daten trainiert sind, und bietet eine White-Label-Version mit Ihrem Branding. Writesonic bietet über Botsonic einen KI-Chatbot-Builder mit Branding-Optionen. Tidio oder ManyChat stellen Chatbots und automatisierte Kundenservice-Tools mit Reseller-Möglichkeiten bereit. Creaitor.ai oder CopyPro.ai sind KI-Content-Generatoren, die Sie unter Ihrer eigenen Marke weiterverkaufen können. Durable.co ist ein KI-Website-Builder, den einige Agenturen als Teil ihrer Pakete weiterverkaufen. CustomGPT.ai ermöglicht den Aufbau gebrandeter KI-Assistenten mit Datenintegration und erweiterten Funktionen.

Bei der Auswahl eines Tools zum White Labeling sollten Sie drei Faktoren berücksichtigen. Erstens die Marktnachfrage: Löst das Tool ein echtes Problem für eine bestimmte Zielgruppe? Zweitens die Benutzerfreundlichkeit: Können Ihre Kunden das Tool problemlos nutzen, ohne umfangreiche Schulung? Drittens Support und Stabilität: Bietet das Unternehmen hinter der Software schnellen Support und eine stabile Infrastruktur?

Nachdem Sie ein Tool ausgewählt haben, zahlen Sie in der Regel eine monatliche Reseller-Gebühr. Diese kann je nach Plattform und Funktionsumfang zwischen etwa 49 und 497 Dollar liegen. Im Gegenzug erhalten Sie Zugriff auf ein Dashboard, über das Sie Benutzerkonten erstellen, Ihr eigenes Logo und Ihre eigene Domain hinzufügen und die Benutzeroberfläche für Ihre Kunden anpassen können. Einige Plattformen ermöglichen sogar vollständiges

Domain-Masking, sodass Ihre Kunden nicht erkennen, dass die Technologie von einem anderen Anbieter stammt.

Um Ihr White-Label-Tool zu verkaufen, sollten Sie es wie ein eigenes SaaS-Unternehmen behandeln. Erstellen Sie eine Landingpage, die erklärt, welches Problem Ihr Tool löst, welche Funktionen es bietet und für wen es gedacht ist. Nutzen Sie Demonstrationen, Erfahrungsberichte und Schritt-für-Schritt-Erklärungen. Bieten Sie kostenlose Testversionen oder vergünstigte erste Monate an. Denken Sie daran: Sie verkaufen nicht einfach Software – Sie verkaufen Ergebnisse. Den meisten Menschen ist es egal, ob ein Tool „GPT-4 integriert". Sie interessieren sich dafür, dass sie damit in wenigen Minuten Blogartikel schreiben oder mehr Kunden durch automatisierte Follow-ups gewinnen können.

Sie können Ihr Tool auch mit Dienstleistungen kombinieren, um zusätzlichen Mehrwert zu schaffen. Wenn Sie beispielsweise einen Chatbot-Builder weiterverkaufen, können Sie anbieten, den ersten Chatbot kostenlos einzurichten. Wenn Sie einen KI-Schreibassistenten verkaufen, können Sie zehn fertige Templates hinzufügen. Wenn Ihre Zielgruppe Coaches, Immobilienmakler oder Fitnessprofis sind, passen Sie die Botschaft und die Anwendung des Tools speziell auf diese Branche an – so heben Sie sich von der Konkurrenz ab.

Die Vermarktung Ihres White-Label-Produkts kann denselben Strategien folgen, die wir in diesem Buch bereits besprochen haben. Dazu gehören kurze Videos, die zeigen, wie das Tool funktioniert, Blogartikel, die Ihr Tool mit Konkurrenzprodukten vergleichen, E-Mail-Sequenzen mit kostenlosen Setups oder Boni für neue Kunden sowie bezahlte Werbung, die auf Nischenzielgruppen mit konkreten Problemen abzielt.

Mit der Zeit bietet dieses Modell mehrere sich verstärkende Vorteile: wiederkehrende Einnahmen, vollständige Markenhoheit und die Möglichkeit, Ihr Geschäft zu einem digitalen Produktimperium auszubauen. Dabei nutzen Sie weiterhin dieselbe KI-Infrastruktur – nur unter Ihrer eigenen Marke und Kontrolle.

Einige White-Label-Programme bieten sogar Mehrbenutzerlizenzen oder Teamkonten an, sodass Sie Ihre Lösung an Agenturen, Unternehmen oder andere Reseller weiterverkaufen können. Sie können sogar ein eigenes Affiliate-Netzwerk für Ihr White-Label-Tool aufbauen und im Grunde selbst zum Softwareanbieter werden – ganz ohne Programmierkenntnisse.

Zusammengefasst ermöglicht White Labeling Ihnen, KI-Tools unter Ihrem eigenen Namen und Ihrer eigenen Domain zu verkaufen, einen größeren Anteil der wiederkehrenden Einnahmen zu behalten, Preise, Boni, Onboarding und Support selbst zu kontrollieren, Nischenmärkte gezielter anzusprechen und sich vom Affiliate zum Unternehmer zu entwickeln, ohne eine einzige Zeile Code zu schreiben.

Im nächsten Kapitel werden wir untersuchen, wie Sie Ihr Affiliate- und White-Label-Geschäft mithilfe von Partnerschaften, bezahltem Traffic und Upsell-Angeboten auf sechsstellige Einnahmen skalieren können.

Leahs Geschichte zeigt eindrucksvoll, wie dieses Modell funktionieren kann. Leah arbeitete jahrelang als Freelancerin und schrieb Blogs, verwaltete Social-Media-Konten und baute Funnels für lokale Unternehmen in der Nähe von Brisbane auf. Sie war gut in dem, was sie tat, aber die Arbeitszeiten waren hart. Projekte kamen und gingen, Kunden verhandelten die Preise nach unten, und sie musste ständig arbeiten, nur um Monat für Monat dasselbe Einkommen zu erzielen. Sie wollte mehr Hebelwirkung und wiederkehrende Einnahmen, aber sie wollte kein SaaS-Unternehmen von Grund auf aufbauen. Dann hörte sie vom White Labeling.

Alles begann mit einem Tool namens Chatbase. Leah nutzte es, um einen Chatbot zu erstellen, der mit den Inhalten der Website eines Kunden trainiert war. Der Kunde war begeistert und fragte: „Kannst du einen wie diesen erstellen, aber mit unserem Logo?“ Diese Frage brachte Leah auf eine Idee. Sie kontaktierte Chatbase und stellte fest, dass es einen White-Label-Plan gab. Gegen eine monatliche Gebühr konnte sie die gesamte Plattform unter ihrem eigenen Namen anbieten – mit ihrem Logo, ihrer Domain und ihrem Branding. Für den Endnutzer sah es so aus, als hätte sie die Software selbst entwickelt. Sie entschied sich, es auszuprobieren.

Sie nannte ihr Produkt „SmartAssistant Pro“ und baute mit einem Template auf Systeme.io eine einfache Landingpage. Sie positionierte die Chatbot-Software nicht als technisches Produkt, sondern als 24-Stunden-Leadgenerator für kleine Unternehmen. Ihre Botschaft war einfach: „Verwandle deine Website in einen digitalen Verkäufer.“ Sie bot den ersten zehn Kunden eine kostenlose Einrichtung an und verlangte danach 39 Dollar pro Monat. Die Software kostete sie selbst 97 Dollar monatlich. Bereits nach drei Kunden machte sie Gewinn. Am Ende des ersten Monats hatte sie zwölf.

Die Kunden liebten das Tool. Noch wichtiger war jedoch, dass Leah nun die Kundenbeziehung besaß. Sie konnte Content-Services, Funnel-Analysen und E-Mail-Automatisierungen zusätzlich verkaufen. Ihr White-Label-Tool war nicht nur Software – es war der

Einstiegspunkt für weitere Angebote. Am meisten überraschte sie jedoch, wie leicht sich das Produkt verkaufen ließ. Sie präsentierte keine „KI-Chatbot-Software“, sondern ein fertiges, gebrandetes Lead-Generierungssystem mit ihrer eigenen Erklärung, ihren Videos und ihrem Support. Kunden fragten nicht, wer es gebaut hatte. Sie fragten nur, wann sie es nutzen konnten.

Leah erkannte schnell, dass sich dieser Prozess wiederholen ließ. Sie fand ein weiteres Tool – einen KI-Schreibassistenten mit White-Label-Programm. Sie nannte ihn „AutoCopy Pro“ und kombinierte ihn mit Vorlagen für E-Mail-Marketing und Blogartikel. Dieses Mal richtete sie sich an Coaches und Kursersteller. Sie erstellte eine fünfteilige E-Mail-Sequenz mit einer kostenlosen Testphase und teilte sie in Facebook-Gruppen sowie in ihrer eigenen E-Mail-Liste. Innerhalb einer Woche hatte sie fünf Anmeldungen. Das Tool kostete sie nur 49 Dollar pro Monat. Ihr Preis lag bei 29 Dollar pro Monat pro Nutzer. Nach fünf Nutzern erzielte sie bereits 145 Dollar monatlichen Gewinn – aus nur einer Landingpage und einer E-Mail-Kampagne.

Ihr Alltag veränderte sich. Statt ständig neue Kunden zu suchen, konzentrierte sie sich darauf, Onboarding-Anleitungen zu erstellen, das Kundenerlebnis zu verbessern und zusätzliche Ressourcen anzubieten. Sie arbeitete weiterhin als Freelancerin, aber jetzt aus freien Stücken – nicht aus Notwendigkeit. Für höherpreisige Kunden bot sie persönliche Onboarding-Services an, entwickelte Chatbot-Skripte für Agenturen und begann, ihre Tools in Marketing-Communities vorzustellen.

Als ihre Nutzerbasis wuchs, integrierte sie zusätzlich Affiliate-Links zu ergänzenden KI-Tools. In ihrem „SmartAssistant Pro"-Dashboard fügte sie einen Bereich „Empfohlene Tools" hinzu – jedes mit ihrem Affiliate-Link. Ihre Kunden vertrauten ihren Empfehlungen und klickten darauf. Ihr Einkommen wuchs aus zwei Quellen: Abonnement-Einnahmen und Affiliate-Provisionen. Beide wiederkehrend. Beide automatisiert.

Sechs Monate später hatte Leah über 70 zahlende Nutzer auf ihren White-Label-Plattformen. Sie verdiente in einem Monat mehr als früher in einem ganzen Quartal – und der größte Teil davon kam aus Systemen, die sie einmal aufgebaut hatte. Sie stellte eine Teilzeit-VA ein, die Support-Anfragen bearbeitete, und konzentrierte sich auf Wachstum, Strategie und gelegentliche Content-Erstellung. Endlich hatte sie das erreicht, was sie sich am meisten gewünscht hatte: Freiheit.

Leah hatte nichts erfunden und keine Software programmiert. Sie erkannte einfach die Chance, leistungsstarke KI-Tools in eine Marke zu verpacken, der ihr Publikum vertraute. Dieses Vertrauen – kombiniert mit kluger Markenbildung und Automatisierung – ermöglichte ihr Wachstum ohne Stress. Was mit einem einzigen Chatbot-Projekt begann, entwickelte sich zu einem florierenden Produktökosystem: vollständig White Label, vollständig wiederkehrend und vollständig ihr eigenes.

Kapitel 9: Auf sechsstellige Einnahmen skalieren mit bezahlter Werbung und Partnerschaften

Sobald Sie Ihren Affiliate-Funnel oder Ihr White-Label-Angebot validiert haben, stellt sich die nächste Frage: Wie skalieren Sie es? Sie haben den Motor gebaut – jetzt ist es Zeit, Treibstoff hinzuzufügen. Es gibt zwei Hauptwege, um auf sechsstellige Umsätze und darüber hinaus zu skalieren: bezahlte Werbung und strategische Partnerschaften. Richtig umgesetzt können beide Ansätze ein explosives Wachstum ermöglichen und gleichzeitig Profitabilität und Automatisierung aufrechterhalten.

Beginnen wir mit bezahlter Werbung. Während organisches Wachstum sehr wirkungsvoll ist, kann es langsam und unvorhersehbar sein. Bezahlte Werbung gibt Ihnen Kontrolle – darüber, wer Ihre Inhalte sieht, wann sie angezeigt werden und wie oft. Sie können gezielten Traffic in großem Umfang auf Ihre Affiliate-Angebote, Landingpages und E-Mail-Funnels lenken und in manchen Fällen innerhalb weniger Stunden Ergebnisse sehen. Damit dies funktioniert, müssen Sie Werbung jedoch als Investition und nicht als Glücksspiel betrachten.

Die leistungsstärksten Plattformen für Affiliate- und SaaS-ähnliche Angebote sind YouTube Ads, Meta Ads (Facebook und Instagram) und Google Search Ads. Beginnen Sie damit, Ihren idealen Kunden zu definieren: Sind es Kursersteller, Immobilienmakler, kleine Unternehmer oder digitale Freelancer? Nutzen Sie Zielgruppen-Targeting, um Ihre Reichweite einzugrenzen. Mit Facebook Ads können Sie detaillierte Interessen auswählen, wie zum Beispiel „E-Mail-Marketing", „Jasper AI" oder „Online-Business". Bei YouTube und Google können Sie nach Keywords, Suchverhalten und sogar nach bestimmten Konkurrenzbegriffen targetieren.

Wenn es um das Anzeigenmaterial geht, gilt eine goldene Regel: zuerst Mehrwert liefern. Steigen Sie nicht sofort mit einem Verkaufsangebot ein. Nutzen Sie ein kurzes Video oder ein Karussell, das ein Problem Ihrer Zielgruppe zeigt und anschließend eine Lösung andeutet. Ein Beispiel wäre: „Verbringst du immer noch Stunden damit, Blogartikel zu schreiben? Schau dir an, wie ich das mit KI in drei Minuten erledige." Ihre Handlungsaufforderung sollte entweder zu einem kostenlosen Lead-Magneten oder zu einem Demo-Video führen, in dem Ihr Affiliate- oder White-Label-Link enthalten ist. Vermeiden Sie es, kalten Werbetraffic direkt auf Anmeldeseiten von Tools zu schicken, es sei denn, die Plattform erlaubt Affiliate-Links ausdrücklich.

Überwachen Sie Ihre Werbeausgaben sorgfältig. Beginnen Sie mit einem kleinen Tagesbudget – etwa fünf bis zwanzig Dollar pro Anzeigengruppe – und testen Sie verschiedene Ansätze. Verwenden Sie UTM-Links und Google Analytics, um Conversions zu verfolgen. Wenn Sie beispielsweise zehn Dollar pro Lead bezahlen und jeder Lead Ihnen im Durchschnitt dreißig Dollar an Lebenszeitwert einbringt, haben Sie eine skalierbare Kampagne. Dann können Sie das Budget erhöhen. Wenn Sie jedoch dreißig Dollar ausgeben und nur zehn Dollar verdienen, sollten Sie die Kampagne pausieren und den Funnel überarbeiten. Testen Sie regelmäßig neue Überschriften, Thumbnails und Call-to-Actions. Mit genügend Daten wird Skalierung zu einer einfachen mathematischen Gleichung.

Schauen wir uns nun Partnerschaften an – einen oft unterschätzten Weg zu massivem Wachstum. Eine Partnerschaft bedeutet in diesem Zusammenhang, mit Creators, Influencern, Nischen-Communities, Newsletter-Betreibern oder Softwaregründern zusammenzuarbeiten, die bereits Zugang zu Ihrer idealen Zielgruppe haben. Im Gegensatz zu Werbung können Partnerschaften Ergebnisse liefern, ohne dass Sie im Voraus Geld investieren müssen – und sie können langfristige Dynamik aufbauen.

Es gibt verschiedene Arten von Partnerschaften. Eine Möglichkeit sind Affiliate-gegen-Affiliate-Kooperationen, bei denen Sie das Angebot eines Partners bewerben und dieser im Gegenzug Ihres. Eine weitere Option sind Gasttrainings, bei denen Sie in einer bezahlten Community oder einem Mastermind eine Mini-Schulung oder einen Workshop geben und dabei Ihre Tools vorstellen. Auch gesponserte Newsletter-Erwähnungen sind möglich, bei denen Sie eine feste Gebühr zahlen, um in einem kuratierten Newsletter Ihrer Zielgruppe vorgestellt zu werden. Sie können außerdem Inhalte zu Bundle-Angeboten beitragen, zum Beispiel ein KI-Tool, eine Vorlage oder ein Training, um Leads und Sichtbarkeit zu gewinnen. Eine weitere Strategie sind Joint-Venture-Webinare, bei denen Sie gemeinsam mit einem Partner ein Live-Training veranstalten und am Ende Ihr Affiliate-Tool oder Ihr White-Label-Angebot präsentieren.

Um Partner zu finden, beginnen Sie mit Menschen, denen Sie bereits folgen oder mit denen Sie interagieren. Suchen Sie nach Micro-Influencern mit etwa 1.000 bis 10.000 Followern, die über KI, Produktivität, Marketing oder Nischen-Software sprechen. Treten Sie zunächst mit Mehrwert an sie heran, zum Beispiel mit einer Nachricht wie: „Mir hat dein Video über automatisierte Content-Workflows sehr gefallen. Hättest du Interesse an einer Zusammenarbeit? Ich habe ein einfaches KI-Tool, das deinem Publikum gefallen könnte, und ich würde gern eine kurze Demo oder einen Bonus für deine Community erstellen.“

Seien Sie proaktiv. Erstellen Sie eine Liste mit fünfzig potenziellen Partnern und kontaktieren Sie jede Woche mindestens fünf persönlich. Bieten Sie ihnen vorbereitete E-Mails, Demos oder sogar gemeinsam gebrandete Landingpages an. Je einfacher Sie es Ihren Partnern machen, Ihr Angebot zu bewerben, desto eher werden sie zustimmen.

Vergessen Sie nicht Ihre eigene E-Mail-Liste und Ihre Social-Media-Follower – auch sie können zu Partnern werden. Wenn Sie eine White-Label-Plattform haben, laden Sie Ihre Community ein, Teil Ihres Affiliate-Programms zu werden. Bieten Sie einen Empfehlungsbonus für jeden zahlenden Kunden an, den jemand vermittelt. Selbst eine kleine, engagierte Community kann zu Ihren ersten zehn Vertriebspartnern werden.

Ein weiterer unterschätzter Wachstumstreiber sind Upsells und Cross-Sells. Wenn sich jemand für Ihr Tool oder Ihre Empfehlung anmeldet, überlegen Sie, was diese Person zusätzlich benötigen könnte. Vielleicht ein Vorlagenpaket, eine private Beratung, einen Content-Kalender oder einen Mini-Kurs. Jedes zusätzliche Angebot erhöht den Umsatz pro

Kunde und hilft dabei, Werbe- oder Partnerschaftskosten auszugleichen.

Wenn Ihre Systeme wachsen, sollten Sie Automatisierungen einbauen, um Überlastung zu vermeiden. Nutzen Sie Tools wie Zapier oder Make.com, um neue Leads automatisch in Ihr E-Mail-CRM zu übertragen. Erstellen Sie dynamische Dankeseiten, die weitere Tools empfehlen. Bauen Sie Retargeting-Zielgruppen aus Besuchern auf, die Ihre Seite besucht, aber noch nichts gekauft haben. Diese Systeme arbeiten im Hintergrund und verwandeln Traffic automatisch in Einnahmen.

Skalierung bedeutet nicht, mehr zu arbeiten – sondern das zu vervielfachen, was bereits funktioniert. Bezahlte Werbung sorgt für Geschwindigkeit. Partnerschaften sorgen für Reichweite. Zusammen geben sie Ihnen die Möglichkeit, weit über das hinaus zu wachsen, was mit organischen Methoden allein möglich wäre.

Im letzten Kapitel werden wir untersuchen, wie Sie Ihr Einkommen zukunftssicher machen, Ihre Affiliate-Arbeit in langfristige Vermögenswerte verwandeln und Ihr System möglicherweise sogar verkaufen oder lizenzieren können, um noch größere Gewinne zu erzielen.

Carlos hatte irgendwann eine Grenze erreicht. Nach Monaten, in denen er ein solides Affiliate-System aufgebaut hatte – mit YouTube-Videos, einer Landingpage und einem E-Mail-Funnel – verdiente er etwa 3.500 Dollar im Monat mit der Bewerbung von KI-Tools. Es war gutes Geld, besser als sein früherer Job als freiberuflicher Texter. Aber es reichte nicht für das freiheitsorientierte Leben, das er sich vorgestellt hatte, als er seine Reise in der digitalen Welt begann. Er wusste, was fehlte: Skalierung.

Er begann, sich mit bezahlter Werbung zu beschäftigen, war aber zunächst vorsichtig. Er hatte viele Geschichten von Menschen gehört, die Tausende von Dollar auf Facebook oder Google ausgegeben hatten, ohne Ergebnisse zu erzielen. Carlos ging methodisch vor und startete mit kleinen, gezielten Tests. Er wählte seinen am besten konvertierenden Funnel: ein kostenloses KI-Prompt-Bundle für Unternehmer, gefolgt von einer fünftägigen E-Mail-Sequenz, die zu Affiliate-Anmeldungen für Jasper und Pictory führte.

Er erstellte eine einfache Anzeige – ein zwanzigsekündiges Video, in dem er zeigte, wie er mit KI aus einem einzigen Prompt einen Blogartikel, ein Video und eine Instagram-Beschreibung erstellt. Die Bildunterschrift lautete: „Willst du meinen genauen Prompt-Workflow? Hol dir den kostenlosen Download. Link unten." Er schaltete die Anzeige auf Facebook und Instagram mit detailliertem Targeting: Administratoren von Business-Seiten, Menschen mit Interesse an Marketing sowie Follower von Neil Patel und Buffer. Sein Budget betrug zehn Dollar pro Tag.

Zu seiner Überraschung funktionierte es. Seine Kosten pro Lead lagen bei 1,67 Dollar, und elf Prozent der neuen Abonnenten klickten bereits in der ersten E-Mail auf einen Affiliate-Link. Die Provisionen deckten seine Werbekosten – und brachten zusätzlich Gewinn. Innerhalb von zwei Wochen gewann er 327 neue Abonnenten, 480 Dollar an Affiliate-Provisionen und eine skalierbare Traffic-Quelle, die er kontrollieren konnte. Er erhöhte sein Budget und startete eine zweite Kampagne mit einem anderen Lead-Magneten, einem Mini-Kurs namens „Top 7 KI-Tools". Wieder erzielte er Ergebnisse.

Doch Carlos wusste, dass bezahlte Werbung nur ein Teil der Strategie war. Er wollte mit Creatorn zusammenarbeiten, die bereits Zugang zu seiner Zielgruppe hatten. Deshalb begann er, Micro-Creators mit 1.000 bis 5.000 Abonnenten zu kontaktieren, die über KI, Produktivität oder Solopreneurship sprachen. Sein Angebot war einfach: „Ich habe einen No-Code-KI-Workflow für Freelancer entwickelt. Hättest du Interesse, ihn in deinem Newsletter vorzustellen oder gemeinsam ein Video zu machen? Ich stelle dir alle

Materialien zur Verfügung und biete dir einen Affiliate-Bonus.“

Ein Creator sagte zu. Dann ein zweiter. Im dritten Monat war Carlos in vier Newslettern, fünf YouTube-Empfehlungen und einem Nischen-Podcast vertreten. Jede Partnerschaft brachte Hunderte neuer Leads – warme Leads, die dem Empfehlungsgeber vertrauten. Seine E-Mail-Liste verdoppelte sich. Seine Affiliate-Einnahmen stiegen auf über 7.200 Dollar. Er stellte eine virtuelle Assistenz ein, die seinen Posteingang und seinen Kalender verwaltete. Er verdiente nicht mehr nur Provisionen – er baute eine Marke auf.

Carlos ging noch einen Schritt weiter. Er begann, eines der Tools, das er zuvor beworben hatte, selbst zu white-labeln: einen KI-Chatbot-Builder. Er nannte ihn „Leadbot AI“ und bot ihn als fertiges Lead-Capture-Tool für Immobilienmakler an. Mit denselben Werbe- und E-Mail-Strategien startete er ein Abonnement für 47 Dollar pro Monat. Die Ergebnisse kamen zunächst langsamer, aber die Wirkung war größer – jeder neue Nutzer brachte wiederkehrendes Einkommen, das vollständig unter seiner Kontrolle stand.

Im zehnten Monat überschritt Carlos die Marke von sechsstelligen Gesamteinnahmen – mit drei Einkommensquellen: Affiliate-Provisionen,

White-Label-Abonnements und digitalen Bonusprodukten. Seine Anzeigen lieferten vorhersehbaren Traffic. Seine Partnerschaften sorgten für organische Reichweite. Und seine E-Mail-Funnels wandelten Leads automatisch in Kunden um. Was als Nebenprojekt in seinem Schlafzimmer begonnen hatte, war zu einem skalierbaren Vollzeitunternehmen geworden – ohne eigene Softwareentwicklung und ohne großes Team.

Carlos lernte eine wichtige Lektion: Der Aufbau des Systems ist nur der erste Schritt. Skalierung bedeutet, das zu vervielfachen, was bereits funktioniert. Er brauchte keine viralen Videos oder Influencer mit Millionenpublikum. Er brauchte Präzision, Relevanz und Beständigkeit. Anzeigen gaben ihm Volumen. Partnerschaften gaben ihm Glaubwürdigkeit. Zusammen gaben sie ihm den Hebel für Wachstum.

Heute, wenn ihn jemand fragt, wie er es geschafft hat, in weniger als einem Jahr vom kämpfenden Freelancer zum sechsstelligen digitalen Unternehmer zu werden, lächelt Carlos nur und sagt: „Ich habe die richtigen Tools ausgewählt, gezeigt, wie ich sie nutze, und mich dort positioniert, wo meine Zielgruppe bereits war.“

Kapitel 10: Langfristige Einkommensstrategien und Exit-Planung

Der Aufbau von Affiliate- und White-Label-Einkommensströmen mit KI-Tools ist eine hervorragende Möglichkeit, Cashflow zu generieren – doch echter Wohlstand entsteht durch langfristige Vermögenswerte, die im Wert steigen, nicht nur durch laufende Einnahmen. In diesem letzten Kapitel werden wir untersuchen, wie Sie Ihre Affiliate-Inhalte, Funnels und Partnerschaften in nachhaltige Einnahmequellen verwandeln können, die über Jahre hinweg funktionieren, und wie Sie Ihr Unternehmen verkaufen oder lizenzieren können, wenn der richtige Zeitpunkt gekommen ist.

Die erste Denkweise, die Sie verändern müssen, ist folgende: Sie sind nicht nur Content-Creator oder Affiliate – Sie bauen ein digitales Portfolio aus Vermögenswerten auf. Dazu gehören Ihre E-Mail-Liste, Ihr Blog oder Ihre Website, Ihre White-Label-SaaS-Accounts, Ihre Bildungsprodukte wie Mini-Kurse oder Vorlagen sowie Ihre Beziehungen zu Partnern und Plattformen. Behandeln Sie jeden dieser Bereiche wie eine Immobilie, die Ihnen gehört – verbessern Sie sie, optimieren Sie sie und steigern Sie ihren Wert im Laufe der Zeit.

Eine der einfachsten Möglichkeiten, Ihr Affiliate-Einkommen langfristig zu sichern, ist Evergreen-Content. Anstatt ständig neuen Trends hinterherzujagen, konzentrieren Sie sich darauf, Tutorials, Reviews und Vergleichsseiten zu erstellen, die in Suchmaschinen gut ranken und zeitlose Fragen beantworten. Diese Inhalte werden zu passiven Traffic-Quellen, die weiterhin Klicks und Provisionen generieren, selbst wenn Sie vorübergehend weniger posten. Aktualisieren Sie diese Beiträge regelmäßig mit neuen Screenshots, zusätzlichen Funktionen oder verbesserten Affiliate-Links, damit sie relevant bleiben.

Eine weitere wichtige Strategie ist Diversifikation. Verlassen Sie sich nicht auf nur eine Plattform, eine Traffic-Quelle oder ein einzelnes Affiliate-Programm. Wenn alle Ihre Provisionen von einem einzigen KI-Tool kommen und dieses Tool seine Bedingungen ändert, könnte Ihr Einkommen über Nacht einbrechen. Verteilen Sie Ihr Risiko, indem Sie drei bis fünf hochwertige Tools aus unterschiedlichen Kategorien bewerben – beispielsweise Schreiben, Video, Voice und Automatisierung – und Inhalte auf verschiedenen Plattformen erstellen: YouTube, Instagram, Medium, LinkedIn, Ihrem Blog und per E-Mail. Dadurch reduzieren Sie Schwankungen und schaffen mehr Wachstumschancen.

Der nächste Schritt besteht darin, Ihr Fachwissen zu produktisieren. Mit der Zeit werden Sie automatisch zu einer Autorität für bestimmte Tools oder Strategien. Verpacken Sie dieses Wissen in digitale Produkte – zum Beispiel ein Notion-Vorlagenpaket, eine KI-Prompt-Bibliothek, eine siebentägige Challenge oder einen kurzen Kurs über den Aufbau von Funnels mit KI. Sie können diese Produkte direkt verkaufen oder als Lead-Magneten nutzen, um noch mehr Affiliate- oder SaaS-Kunden anzuziehen. Der Schlüssel ist Eigentum: Je mehr Wert Sie selbst erstellen und kontrollieren, desto größer ist Ihr Hebel.

Nun sprechen wir über Exit-Strategien. Wenn Sie einen Blog, einen YouTube-Kanal, eine E-Mail-Liste oder eine White-Label-SaaS aufgebaut haben, die stabile Einnahmen generieren, möchten Sie diese vielleicht irgendwann verkaufen. Plattformen wie Flippa, MicroAcquire und Empire Flippers ermöglichen es Ihnen, digitale Unternehmen zum Verkauf anzubieten. Käufer suchen nach einkommensgenerierenden Vermögenswerten mit nachweisbarer Performance, stabiler Traffic-Historie und klarer Markenstruktur.

Um sich auf einen möglichen Verkauf vorzubereiten, sollten Sie detaillierte Aufzeichnungen über Traffic, Einnahmen und Ausgaben führen. Nutzen Sie Google Analytics,

Affiliate-Dashboards sowie Stripe- oder PayPal-Berichte, um Ihre Umsätze zu verfolgen. Organisieren Sie Ihre Assets – etwa Content-Kalender, Automatisierungs-Workflows, Lead-Magneten und E-Mail-Sequenzen. Stellen Sie außerdem sicher, dass alles übertragbar ist: Verwenden Sie neutrale Marken, klare Domains und portable Tools. Und bauen Sie Systeme auf, damit der nächste Eigentümer das Unternehmen betreiben kann, ohne von Ihrer Persönlichkeit abhängig zu sein.

Selbst wenn Sie Ihr Unternehmen niemals verkaufen, zwingt Sie diese Disziplin dazu, ein echtes Geschäft aufzubauen – und nicht nur ein kurzfristiges Nebenprojekt. Käufer sind oft bereit, das 24- bis 48-Fache des monatlichen Gewinns zu bezahlen. Das bedeutet, dass ein Affiliate-Business mit 3.000 Dollar monatlichem Gewinn zwischen 72.000 und 144.000 Dollar wert sein kann.

Eine weitere leistungsstarke langfristige Option ist die Lizenzierung. Wenn Sie wertvolle Bildungsinhalte, Frameworks oder Vorlagen erstellt haben, können Sie diese an Coaches, Agenturen oder Softwareunternehmen lizenzieren. Wenn Sie beispielsweise ein White-Label-KI-Tool für Immobilienmakler aufgebaut haben, könnten Sie dieses Setup – einschließlich Branding, Onboarding und Vorlagen – an andere Makler oder Broker gegen eine feste Gebühr oder eine monatliche Lizenzzahlung weitergeben. So verwandeln Sie Ihr Wissen in Einkommen, ohne zusätzlichen Arbeitsaufwand.

Um Ihr Einkommen weiter wachsen zu lassen, investieren Sie in Community- und Markenaufbau. Erwägen Sie, eine kostenlose Facebook-Gruppe, einen Discord-Server oder einen Newsletter zu starten, in dem Sie regelmäßig Tools, Erfahrungen und Tipps teilen. Dadurch vertiefen Sie die Beziehung zu Ihrer Zielgruppe und erhöhen die Kundenbindung, Upsell-Möglichkeiten und Weiterempfehlungen. Communities sind schwer zu kopieren – und machen Ihre Marke wertvoller und stabiler.

Investieren Sie außerdem einen Teil Ihrer Gewinne wieder in Ihr Wachstum – in Software, Tools, Kurse, Mentoren oder Teamunterstützung. Der schnellste Weg zur Stagnation besteht darin, alles selbst machen zu wollen. Schon das Einstellen einer virtuellen Assistenz, die Ihre Inhalte wiederverwertet oder Ihre E-Mail-Automationen einrichtet, kann Ihre Produktivität mit minimalen Kosten deutlich steigern.

Hier ist eine langfristige Checkliste, die Ihnen hilft, Ihren aktuellen Erfolg in einen dauerhaften Vermögenswert zu verwandeln:
Erstellen Sie Evergreen-Content mit SEO-Optimierung.

Bewerben Sie ein Portfolio aus mehreren Tools statt nur eines.
Verwandeln Sie Ihre Systeme in Vorlagen oder Mini-Kurse.
Organisieren Sie Ihre Assets für möglichen Verkauf oder Lizenzierung.
Binden Sie Ihre Zielgruppe über Communities oder Newsletter ein.
Delegieren Sie einfache Aufgaben, um Zeit für strategische Arbeit zu gewinnen.
Aktualisieren Sie Inhalte und Angebote regelmäßig.
Verfolgen Sie monatlich Ihre wichtigsten Kennzahlen, um Wachstum sicherzustellen.

Ihr Affiliate- oder SaaS-Reselling-Business muss nicht klein bleiben. Mit klarer Strategie, Systemen und einer langfristigen Denkweise können Sie daraus ein sechs- oder siebenstelliges digitales Unternehmen aufbauen – oder es verkaufen und anschließend schneller und klüger wieder neu beginnen.

In der abschließenden Story lernen wir jemanden kennen, der genau das geschafft hat: Sie verwandelte einen einfachen Affiliate-Funnel in ein Vollzeitunternehmen, lizenzierte ihre Inhalte und verkaufte ihr Business schließlich für eine lebensverändernde Summe.

Nina hatte ursprünglich nie vor, etwas Großes aufzubauen. Zumindest nicht am Anfang. Sie war eine Hausfrau in Toronto, die während der Mittagsschlafzeiten ihrer Kinder auf ihrem Blog Tipps zu KI veröffentlichte. Was als Neugier begann – anderen zu zeigen, wie sie mit Jasper bessere E-Mails schreiben können – entwickelte sich langsam zu einem Nebenverdienst. Dann zu einem stabilen Einkommen. Und schließlich zu etwas viel Größerem: einem System. Doch was Nina wirklich besonders machte, war nicht die Geschwindigkeit ihres Wachstums, sondern ihre kluge langfristige Strategie.

Schon früh konzentrierte sie sich auf Evergreen-Content. Ihr erster Blogartikel mit dem Titel „Die besten KI-Tools für beschäftigte Mütter, die ein Online-Business starten möchten" brachte zwei Jahre lang jeden Monat Traffic. Sie aktualisierte ihn regelmäßig, testete neue Tools und analysierte die Ergebnisse. Wenn Jasper seine Benutzeroberfläche änderte, aktualisierte sie die Screenshots. Wenn Pictory neue Funktionen veröffentlichte, nahm sie eine neue Anleitung auf. Ihr Ziel war einfach: Jeder Inhalt sollte zeitlos und nützlich bleiben – selbst wenn jemand ihn ein Jahr später liest.

Doch Nina blieb nicht nur bei Blogartikeln. Sie stellte ihre Lieblings-Prompt-Vorlagen in einem PDF zusammen, bot es im Austausch für E-Mail-Anmeldungen an und richtete eine automatisierte E-Mail-Sequenz mit fünf Nachrichten ein. Dieser Funnel allein brachte mehr als 2.500 Dollar monatliche

Affiliate-Provisionen ein – und sie musste ihn nur einmal erstellen. Später fügte sie einen Mini-Kurs namens „KI-Produktivität für Solopreneure" hinzu. Er bestand aus nur 45 Minuten Bildschirmaufnahmen und Checklisten. Sie verkaufte ihn für 27 Dollar und kombinierte ihn mit ihren Lieblings-Tools – alle mit ihren Affiliate-Links. Einfach, clever und skalierbar.

Als ihre Systeme wuchsen, begann Nina größer zu denken. Sie hörte auf, sich selbst als „Bloggerin" zu sehen, und begann wie eine Unternehmerin zu denken. Sie verfolgte jeden Dollar, dokumentierte ihre Funnels und erstellte SOPs für die Wiederverwertung von Content. Sie stellte eine virtuelle Assistenz für zehn Stunden pro Woche ein, die E-Mails plante, Links aktualisierte und Kundenfragen beantwortete. Dadurch konnte sie sich auf das konzentrieren, was sie am meisten liebte: das Unterrichten.

Mit der Zeit entstand eine kleine Community von Frauen, die KI nutzten, um sich ein Nebeneinkommen aufzubauen. Nina gründete eine private Telegram-Gruppe, veranstaltete monatliche Q&A-Calls und verschickte einen wöchentlichen Newsletter. Ihre Liste wuchs auf über 5.000 Abonnenten – alle hochrelevant, engagiert und offen für ihre Empfehlungen. Bald fragten andere Unternehmer, ob sie ihren Mini-Kurs und ihre E-Mail-Vorlagen lizenzieren könnten.

Ihr erster Lizenzvertrag kam von einem Coach für digitale Geschäftsmodelle. Er wollte Ninas KI-E-Mail-Funnel seinen Coaching-Kunden anbieten. Sie einigten sich auf eine Lizenzgebühr von 1.500 Dollar plus 20 Dollar pro Nutzer. Bald folgten weitere Kooperationen. Im dritten Jahr verdiente Nina zwischen 7.000 und 10.000 Dollar pro Monat – und nur etwa die Hälfte davon stammte aus Affiliate-Links. Der Rest kam aus der Lizenzierung ihrer Inhalte, dem Verkauf einer White-Label-Version eines Chatbot-Tools und günstigen digitalen Produkten.

Dann kam das Angebot.

Ein Bildungsunternehmen, das Strategien für ortsunabhängiges Einkommen lehrte, kontaktierte sie. Sie mochten ihre Inhalte, ihre Community und ihr Geschäftsmodell – und boten an, ihren Blog, ihre E-Mail-Liste und ihre Kursbibliothek komplett zu kaufen. Es war kein Milliarden-Deal, aber für Nina bedeuteten 180.000 Dollar sofort plus 2.000 Dollar monatlich für ein Jahr eine lebensverändernde Chance. Sie konnte neu beginnen, in andere Projekte investieren und zum ersten Mal seit Jahren aufatmen.

Sie nahm das Angebot an.

Heute berät Nina digitale Creator und zeigt anderen, wie sie das nachbauen können, was sie geschaffen hat. Sie hat kein Tool erfunden, kein Kapital eingesammelt und keine App entwickelt. Sie hat Wert geschaffen – konsequent, authentisch und intelligent. Und sie behandelte ihre Inhalte wie Eigentum. Sie pflegte sie, verbesserte sie und verkaufte sie schließlich – genau wie ein kluger Investor es tun würde.

Ihre Geschichte zeigt, dass digitales Einkommen nicht nur bedeutet, heute Geld zu verdienen. Es bedeutet, Vermögenswerte aufzubauen, die im Laufe der Zeit an Wert gewinnen – **und irgendwann härter arbeiten als Sie selbst.**

Epilog: Das neue digitale Affiliate-Zeitalter

Wir sind am Ende dieses Buches angekommen, aber wenn Sie aufmerksam zugehört haben, wissen Sie, dass dies eigentlich kein Ende ist – sondern ein Anfang. Eine neue Richtung. Ein neuer Karriereweg für Creator, Marketer, Freelancer und ganz normale Menschen auf der ganzen Welt, die sich vor allem eines wünschen: Freiheit. Die Stärke des Verkaufs von KI-Tools als Affiliate oder Reseller liegt nicht nur im Einkommen. Sie liegt in der Autonomie, der Flexibilität und der Skalierbarkeit, die dieses Modell bietet – besonders jetzt, in einer Zeit, in der künstliche Intelligenz schneller wächst als jede technologische Bewegung zuvor.

Was diesen Moment so besonders macht, ist die Zugänglichkeit. Noch vor fünf Jahren erforderte der Aufbau eines Softwareunternehmens oder die Monetarisierung von Technologie Programmierkenntnisse, Kapital und ein Entwicklerteam. Heute? Sie können Inhalte direkt von Ihrem Smartphone erstellen, Tools empfehlen, die Sie bereits nutzen, und automatisch Provisionen verdienen. Sie können leistungsstarke KI-Plattformen unter Ihrer eigenen Marke weiterverkaufen und ein digitales Produktgeschäft mit nahezu keinen Fixkosten aufbauen. Sie brauchen keine Erlaubnis. Sie brauchen keinen Abschluss. Alles, was Sie brauchen, ist Beständigkeit und eine klare Strategie.

Dieses Buch hat Ihnen beides gegeben.

Egal, ob Sie gerade erst mit Affiliate-Marketing beginnen oder Ihr White-Label-SaaS zu einer sechsstelligen Einkommensmaschine ausbauen möchten – die Prinzipien, die Sie hier gelernt haben, sind zeitlos. Konzentrieren Sie sich darauf, echte Probleme zu lösen. Wählen Sie Tools, die echten Mehrwert liefern. Bauen Sie Funnels, die Menschen führen, statt sie zu bedrängen. Nutzen Sie Inhalte, um zu lehren und zu inspirieren. Und denken Sie immer langfristig: Jedes Video, jede E-Mail und jede Landingpage ist ein Stück digitales Eigentum, das für Sie arbeitet – dauerhaft.

Die klügsten Affiliates in diesem Bereich verändern ihre Identität. Sie sind nicht mehr nur Influencer oder Marketer. Sie sind Kuratoren, Lehrende und Produktbesitzer. Sie kombinieren Affiliate-Links mit Vorlagen, Lead-Magneten und digitalen Trainings, um ihre Conversion-Raten zu erhöhen und ihre Wirkung zu vervielfachen. Sie beginnen mit einem einzigen Link und bauen daraus eine Marke, die Einkommen generiert, während sie schlafen. Das ist das hybride Affiliate-Reseller-Modell – und es ist die Zukunft.

Doch hier liegt das Geheimnis, das viele Menschen übersehen: Sie müssen nicht der Beste in irgendetwas sein. Sie müssen nur klar, konsequent und authentisch sein. Menschen vertrauen denen, die teilen, was funktioniert. Sie suchen nach Wegbegleitern, nicht nach Gurus. Das bedeutet, dass Ihre Geschichte, Ihr Prozess und sogar Ihre Herausforderungen wichtig sind. Wenn Sie sie teilen, entsteht Vertrauen – und Vertrauen schafft Loyalität. In der digitalen Wirtschaft ist Loyalität der wahre Multiplikator.

Jetzt verfügen Sie über das komplette System:

- Wie Affiliate-Programme funktionieren und wo man sie findet
- Die besten KI-Tools, die Sie derzeit bewerben können
- Funnels, die tatsächlich konvertieren
- Inhalte, die Käufer anziehen
- Plattformen zum Skalieren mit SEO, YouTube und Instagram
- Automatisierung durch E-Mail-Marketing
- Strategien für White-Label-Weiterverkauf
- Wachstumsstrategien mit bezahlter Werbung und Partnerschaften
- Exit-Planung und langfristige Monetarisierung

Wenn Sie nur ein Kapitel in die Praxis umsetzen, sind Sie bereits weiter als neunzig Prozent der Menschen, die noch auf die „perfekte Idee“ warten. Wenn Sie alle Kapitel umsetzen, bauen Sie ein Geschäft auf, das wächst und sich selbst trägt – angetrieben von Mehrwert, Automatisierung und wiederkehrendem Einkommen.

Und wenn Sie jemals Ihre Motivation verlieren, erinnern Sie sich daran: Sie sind nicht hier, um Trends hinterherzujagen. Sie sind hier, um Vermögenswerte aufzubauen. Vermögenswerte, die Menschen helfen, Probleme lösen und Ihr Leben unterstützen – egal, wo auf der Welt Sie sich befinden.

Also beginnen Sie heute. Nehmen Sie Ihr erstes Tutorial auf. Schreiben Sie Ihren ersten Blogartikel. Starten Sie Ihren Funnel. Kontaktieren Sie Ihren ersten Partner. Es wird nicht perfekt sein. Es wird sich weiterentwickeln. Doch jeder Schritt, den Sie machen, baut etwas auf, das Sie nicht nur bezahlt – sondern Sie befreit.

Denn das ist längst nicht mehr nur Affiliate-Marketing.

Das ist **digitales Eigentum** im Zeitalter der künstlichen Intelligenz.

www.ingramcontent.com/pod-product-compliance
Lightning Source LLC
LaVergne TN
LVHW022005200926
848481LV00007B/2245
* 9 7 9 8 2 9 5 6 7 6 2 7 7 *